20代～30代前半のための

転職 面接 受かる 答え方

キャリアカウンセラー 中谷充宏

「面接なんて、ありのまま答えればいい」

「未経験だから、ムリだろうな」

「ネガティブな要素があるから、ダメだろうな」

と、思っていませんか？　実はこれ、

「若手の3大誤解」

です。

面接は、友達同士の雑談ではありません。

質問には**意図**がある。変化球の質問もたくさん飛んできます。

「あなたなら、ウチよりA社が良いのでは？」

この「意図」をつかまえて答える人と、そうでない人では結果が分かれます。

ではその「意図」とは？

また、「未経験＝ダメ」とは限りません。
ただし、答え方に**コツ**があります。

「メンタル休職などネガティブな要素があるからダメだろう」も、**完全な誤解**です。
この世代だから許されることもあるのです。

すっかり定着した
転職エージェント
と、
キャリアカウンセラー（キャリアコンサルタント）
を活用する人と、そうでない人でも、結果が分かれます。
仕事のスキルや実績は同じなのに、です。

心配はいりません。面接で**聞かれることの9割は、決まっています。**
準備をした人が勝つのです。

Prologue

ランクアップ転職のために

いまやこの世代にとって、転職は当然です。

転職の採用選考プロセスの中で、最も重要なのは、やはり「面接」です。

特に若手の場合、ポテンシャル重視の側面もあり、職務経歴書の内容でキャリアを見定めるのではなく、「まずは会ってみて人となりを知りたい」と考えている採用人事も多いのです。

そのため、面接に進める確率が、ミドル世代よりも高いと言えます。

面接に呼ばれるということは、採用される可能性があるということです。書類に記載された内容でNGなら、忙しい採用人事がわざわざ呼ぶことはありません。

つまり、**面接とは、内定まであと一歩まで来ている証であり、チャンスなのです。**

ただし、多くの人が誤解をしています。特に次の「3大誤解」に要注意です。

若手の3大誤解①

「ありのままでOKでしょ?」

私が見たところ、面接に臨む人の8〜9割が、対策をしていません。

その最大の原因がこれ、「ありのままがいいという誤解」です。

たとえばすでに東証プライム上場のA社から内定を獲得していて、面接官に伝えたところ、「あなたならA社の方が合っているのでは？　実績がおありですから」と、返されたとします。そのとき、

「正直、A社、良いですよね」

――これ、正しいと思いますか？

なぜ面接官は、わざわざこんなことを言ったのでしょう？

実は**面接官は「あなたはA社に行くべきだ」と言いたいのではありません。「いいえ、私はA社ではなく御社で働きたいのです！」という熱い思いを聞かせてほしいのです。**「あるがままでいい。対策なんてしなくていい」と決めつけるのがいかに危険か、お分かり頂けると思います。

「面接官はどういう意図で、その質問をしているのか」をつかんでいれば、的を外さない回答ができる。一方、意図を読まない人は「A社、良いですよね」などと、つい口にしてしまう。

あなたが面接官なら、どちらを採用しますか？

意図を読もうとするかどうかが決定的です。「ありのまま」を決め込んでいるライバルに

大差をつけられるのです。

ポテンシャル重視とはいえ、新卒就活時と違い、数年でも仕事に就いていたなら、その経験やスキルをチェックされるということには注意しなければなりません。

社会人経験が2～3年しかないからと学生時代の話ばかりしてしまうのは、典型的な失敗例です。

「若手は自己中だ」とバイアスがかかった見方をされてしまったり、誤解されるケースも散見されます。

「ありのまま」ではミスしそうな落し穴がたくさん待ち構えているのが、転職面接なのです。

若手の3大誤解②

「未経験だから、ムリだろうな」

「経験がないから」と諦めてしまう若手は多いです。

しかしちょっと考えてみましょう。

豊富な経験を求めるなら、ミドル世代を対象にした求人を出せばいいわけです。そうではないのは、若手にもチャンスがあるということです。

実際、若手ゆえに「経験」よりも「ポテンシャル」を重視するシーンも多いし、経験がむしろ邪魔になることだってあるのは、面接官も重々承知しています。

ただ、「未経験」なので、不利なことの方が多いのは確かです。

そのさいに、どううまく回答できるかがポイントになります（本文でくわしく解説していますのでご安心ください）。

若手の3大誤解③ 「ネガティブ要素があるから、どうせムリだろうな」

これは私もよく聞かれるのですが、完全な誤解です。

たとえば前職を3カ月で辞めていると、「堪《こら》え性のない人間だから使えなさそうだし、またすぐ辞めると思われるに決まってる」と、最初の一歩が出なくなってしまう。

不安視するあまり、「その3カ月は勤めていなかったことにする」といった、経歴詐称に手を染める人までいます。こんなことが入社後にバレたら即刻クビになり、よけいに転職できなくなります。

若手だからこそ、まだまだ許されることもあるのです。それなのに、自分で決めつけてフリーズしてしまう、これではうまくいくものもうまくいきません。

以上が「若手の3大誤解」です。

働き方のこだわりとバランス

次に、面接官が確認しておきたい点があります。それは「働き方」についてです。ひとくくりに「若手」と言っても、転職に向き合う状況は人それぞれです。

皆さんより年長者である企業の採用人事（面接官）が、皆さんをどういった目線で見ているか？　まずそこを理解しておきましょう。

１９９０年代後半から２０１０年頃生まれのいわゆるZ世代を含め、今の若手は、

・ワークライフバランス重視
・柔軟な働き方を望む
・一つの職場に固執しない

といった特徴があると見られています。

上司から歓送迎会に誘われた若手が、
「それって強制ですか？　強制なら会費や残業代は出るんですか？」
と、質問したという話をよく耳にします。

「仕事よりプライベートを優先するため自己中心的で協調性に欠ける」といった声も、特にベテラン世代から聞こえてきます。若手に対してある種のバイアスがかかっている年上世代

もいるのは事実でしょう。

本来、退勤後まで拘束される必要はありません。勤務時間内に会社の求めるパフォーマンスを発揮すれば良いはずです。

ただ、「24時間働けますか？」というCMを懐かしがったり、「俺の若い頃は～」といった武勇伝を語る、昭和的な価値観を引きずっている世代は、まだまだ存在します。

自分の働き方についての考えをしっかりと持っておくことはもちろん大事ですが、実際に働くとなると、すべてが自分の理想通りに進まないのはお分かりでしょう。

働き方を含め、会社が求めるものにどこまで応じられるか、自分の価値観をしっかりと持っておくことが、若手にとって最大のポイントと言えます。

もちろん「社畜」になる必要はありません。

しかし面接で、たとえば「私は1分たりとも残業はしたくありません」と、自分の理想を強く押し出したとして、採用選考を通過するかということです。

筆者が経営する会社では、職業紹介業の免許も持っていますが、同業他社の仲間からは、「月45時間」程度の残業に対応できないと、紹介できる求人が激減すると聞いています。

こだわりが強すぎると決まるものも決まらないので、やはりどこかで折り合いをつけないといけません。

転職エージェント、キャリアコンサルタントのフル活用を！

皆さん、自動車を運転して初めての目的地に向かうとき、カーナビを頼りますよね？

転職活動もこれと同じで、成功転職をナビゲートしてくれる存在に頼るべきです。

そしてその大きな役割を担うのが、転職エージェントと、キャリアコンサルタントの2者です。詳細は後述しますので、ぜひこの2者をフル活用してください。


転職については「情弱」な若手に誤った情報を提供したり、的外れなアドバイスをする人が、巷には実に多いです。この現状を筆者は非常に憂いています。

これ以上「転職迷子」を増やさないよう、筆者が約20年間、1万人以上の就職・転職活動を支援してきたノウハウを惜しみなく公開しました。


本書を精読して自分なりの回答を用意しましょう。

皆さんが良い転職をされることを、心から応援しています！

中谷充宏

20代～30代前半のための

転職「面接」受かる答え方

Contents

Part 2 こう言えば受け入れられる！「ネガティブ要素」の打ち返し方
――面接官の心理を読めば答え方は自然に分かる――

Part 3

ポテンシャルを感じさせる「自分」の伝え方

――経歴、自己PR、長所・短所、5年後の姿、ストレス耐性etc.――

Contents

Part 4

「何がやりたいの？」への「本気度」が伝わる答え方

――志望理由、他社への応募状況、「当社の課題」、この仕事の魅力 etc.――

Part 5
退職、転職、労働条件……納得される答え方
―退職理由、入社の時期、転勤の可否、給与額、残業、出向etc.―

Part 6

「なぜそんなムチャぶりを？」……時事テーマや「想定外」への答え方

——「最近気になったニュース」、「1億円手に入ったら？」etc.——

Part 7 ねらいが分かれば9割クリア！「圧迫系」への答え方
――キレたり逆質問は損するだけ！――

カバーデザイン　喜來詩織（エントツ）

Part 1

実績ある若手も意外に知らない「面接の鉄則12」

――自信ある人もない人もやりがちなミスと対策――

具体的な質問や回答の解説の前に、面接の正体や臨み方を「面接の鉄則12」として解説しましょう。話下手、人見知り、アピール下手、「アピールなんてしなくていい、自分のありのままで臨めばいい」という方こそ、この鉄則を肝に銘じて臨んでください。

鉄則① 面接はスピーチではない！

「5万人の観衆の前で何も見ずに30分スピーチを」と言われたらすごく緊張しますね。スピーチは途中で詰まっても助け舟は出てきませんが、面接は自分自身を含めて多くてもせいぜい4～5名で、双方がコミュニケーションすることで成り立っています。「面接官の質問に的確に答えるだけ」、これが面接の正体なのです。

鉄則② 「言い切る」ではなく「伝える」

面接で饒舌に話す方がいます。悪いわけではないのですが、一番のポイントは、「面接官にきちんと伝わっているかどうか」です。こういった方々は「準備した回答を吐き出す」ことに主眼が置かれ、「伝える」ことはおざなりになっています。

面接官に**伝わっていなければ、まったく無意味です。**

面接では「伝える」ことこそ大事と心得ておいてください。

鉄則③ 想定される質問に対する回答を考えておく

面接で聞かれることの**8割から9割は決まっています。**

本書を読んで、想定される質問に対する回答を自分の頭で考え、**紙にペンで書き出してください。**筆を走らせないと良い回答は浮かばないし、頭に残りません。

その回答を何度も読み返しながらブラッシュアップし、完成したら頭の中にしっかり叩き込むことが重要です。

鉄則④ キーワードを覚える

回答が仕上がったら、そのキーワードを抽出して覚えましょう。

すべて暗記しようとすると、本番で詰まったときにリカバリーできません。

たとえば自己PRを聞かれた際、売りが「自己解決力」だとしたら、

現職でその力を発揮したシーン（たとえば、誰もかまってくれない環境）→「でも**凹まない**」→「主体的に**話しかける**」→「解決の**糸口**を発見する」

といったように、流れに沿ってキーワードだけ覚えるのです。キーワードさえ覚えていれば、詰まった場合でも何とか話をつなげることができます。

鉄則⑤ アウェーの質問を重点的に

ご存知の通り、サッカーではホームとアウェーがあります。面接も同じで、得意な領域の質問（ホーム）と、答えづらい質問（アウェー）があります。

たとえば、前職を人間関係で退職したとします。

退職理由を聞かれたとき、本当のことを言っていいのか？

もっといい言い回しはないのか？

悩みますよね。

こういった「アウェーの質問」に比重を置いて対策をするのが、突破の鍵です。

鉄則⑥ 適度の緊張感が良い結果を生む

よく「面接には平常心で臨め！」と言いますが、緊張しない方が良いとは限りません。

実際、適度な緊張感は自分の力を最大限に発揮してくれるという科学的データの裏付けもあります。

あがるくらいがちょうど良いんだ、と逆転の発想をして臨みましょう。

鉄則⑦ 会場には1時間前に行く

もし事故で電車が不通になって面接会場に行けなくなったら、アウトになる可能性が高いです。自分が遅れなくても、「乗客が体調を崩した」など、電車は遅れるという前提で動きましょう。予定していた乗り継ぎができず予想以上に遅れることも、珍しくありません。

また、面接会場に時間ギリギリに入るようだと、「間に合うかな？」ということばかりに気を取られ焦ってしまい、すぐに本番モードにスイッチできません。

面接会場には、1時間前に着くように行動してください（**5分や30分ではなく、1時間前**です）。着いたらまず面接会場を確認し、近くのカフェに入って想定質問と回答を繰り返し読みましょう。この時間的余裕が、スムーズな面接につながります。

鉄則⑧ 入室前に深呼吸を

適度な緊張は良いと言いましたが、極度の緊張はやはりNG。それをほぐすのが深呼吸です。科学的にも効果は証明されています。

面接会場に入室する前、たとえば待合室などで大きく深呼吸しておきましょう。吸うのも吐くのもできるだけ長い時間をかけてやるのがコツ。これを**最低3回**やってください。

鉄則⑨ 第一声は大きく！

人は声を出すと緊張がほぐれます。だから最初の声はいつもの**1.2～1.5倍**くらいの音量で話してみてください。

最初の声がその空間を支配し、その後の空気を決定づけます。最初に元気のない低いトーンで入ると、面接会場の雰囲気がずっとその流れになってしまいます。面接官もそれに引きずられ、重い空気が漂う空間になってしまうから要注意です。

第一声は、若手らしく、元気よく大きな声でハキハキと！

鉄則⑩ 面接官の目を見続ける

日本人はシャイなので、なかなか人の目を見て話すことに慣れていませんが、それでは面接選考に落ちます。

面接官の目をしっかり見て話してください。

実際、「目は口ほどにものを言う」というシーンを、筆者自身も多数経験してきました。

そもそも、音声だけの対応で良いなら電話面接で良いはずです。

目の力を信じて、しっかりと面接官の目を見て、話すようにしてください。

鉄則⑪ 失敗しないオンライン面接のコツ

続いて、今主流のオンライン面接についてです。

コロナ禍での就活や転職活動をした経験がない方は、そもそも何に気をつければ良いか、よく分からないでしょう。

そこで失敗しないオンライン面接のコツを解説します。

結論として、失敗しないコツは、抜かりなく準備することです。

PCやスマホ、カメラ、マイクといった機器がきちんと作動するか、ネットワークは安定してつながっているか、オンライン用のアプリはインストールできているかなどを事前にチェックしておくのは当然です。

実際に、「昨日、在宅勤務でオンラインミーティングもしたから大丈夫」と慢心し、定刻になってもうまく作動せず面接が始められないというケースが多発しています。

オンライン面接で使用するアプリには、ZOOMやMicrosoft Teams、Google Meetなどさまざまなものがあり、企業側がどれかを指定してきます。使用したことがないアプリは特に、**事前に動作確認**をしておくべきです。

カメラの配置にも気をつけてください。いざ面接本番となってからカメラを操作するのは、心証が良くありません。

今、スマホで面接を受ける人も増えていますが、スマホも同様で、**しっかり固定**して使わないとブレブレになるケースもあります。

照明もチェックしましょう。暗い部屋だと顔色が悪く映ります。自分が**思っているよりも明るい方が良い**と考えてください。自分の顔に当てるライトを使うことも検討してみてください。

背景については、私物が散乱している状況が映るのは当然NG。パソコン上の壁紙を使うのもお勧めしません。**無地の壁**の前で受けるのが良いでしょう。

音声も要チェックです。相手の声をちゃんと聞き取れるか、こちらの声が届くか、事前にチェックします。在宅なら、子どもの泣き声が入ってしまう、電話を鳴らしてしまう、といった**雑音対策**にも気をつけてください。在宅で難しい場合は会議室を借りるなども検討しましょう。

服装は指定のない限り**スーツ一択**です。暑さ、寒さは部屋の温度を調整してください。

その他、画面に映る面接官を見ながら話すケースが多いのですが、これだと自分の視線は下になります。**カメラだけを見る**ように集中してください。

また、死角ができるからとカンペを置く人がいますが、これも目線が違う方向に行くのでやめておきましょう。

オンライン面接の場合、リアル面接以上に、細部にまで気を使って準備してください。

鉄則⑫ 転職エージェントのフル活用を！

面接対策と少し話はずれますが、転職活動をうまく進める有効な一手として、「転職エージェント」の活用があります。これについて解説します。

端的に言うと**「転職エージェント」**とは、あなたの担当となったキャリアアドバイザーが求人情報の提供や応募書類の添削、面接の調整、さらには年俸交渉まで、転職全般を支援してくれるものです。登録すると、担当者が一人つきます。

代表的なものとして、**リクルートエージェント**や**ビズリーチ**などがあります。

一方、マイナビ転職やリクナビNEXTといった**「転職サイト」**とは、あなたがそこに必要情報を登録した後、公開されている求人に応募していくものです。

今は「転職エージェント」と「転職サイト」の双方が乗合いしていることもあって、境目が分かりにくくなっていますが、まずその違いを理解してください。

この「転職エージェント」ですが、転職希望者は原則、無料で使うことができますので、至れり尽くせりのサービスと言えます。

ただ、おいしい話には必ず裏がありますので、それらをきちんと理解した上で、積極的に活用してください。

誰しもが利用できるものではない

実はこのサービスは、転職希望者の採用が決まった場合、その求人企業から想定年収の30％前後を手数料としてもらうしくみで成り立っています。

たとえば年収４００万円で採用が決まれば、約１２０万円の手数料が動きます。

それなりに高額なので、企業がその対価を支払っても価値があるという「売れる人材」しか取り扱わないのがセオリーです。

ただし、**若手だと未経験でもＯＫな求人を、「転職エージェント」が取り扱っている場合もあります**ので、「私なんて売れない人材だ」と勝手に自己判断せず、まずは登録から始めてみましょう。

担当のキャリアアドバイザーは、あなたの味方？

もう一つ気をつけて頂きたいのが、あなたの担当です。自分に合った求人を紹介してもらって、そこへの転職へと導いてくれると聞くと、「まるで天使のような、素晴らしい味方だ！」と勘違いする人も多いのです。

しかし実は、彼らの**本質は「営業」**と言っても過言ではありません。

求職者と求人企業をマッチングさせないと手数料が入ってこないという構造だからです。

もちろん、ノルマもあります。

そのため、あなたの意向と違う求人を強く勧めてきたり、

「このチャンスを逃すと、後はありませんよ」

と圧力をかけてきたりする人も、少なからず存在します。

裏を理解した上での具体的な活用法

とはいえ、彼らもマッチングさせたいのですから、ベクトルは転職希望者と同じです。

たとえば「これは許容できるが、これだけは譲れない」といった**条件面を正確に伝えておく**といった良質なコミュニケーションを図りながら、彼らのリソースを最大限に活用することで、成功転職を勝ち取りましょう。

その最初の一歩は、まずは探すところから。

既述のリクルートエージェントといった、ありとあらゆる求人を取り扱う「総合デパート型」や、会計人材に特化した「ＭＳ Ａｇｅｎｔ」のような「専門特化型」のように、「転職エージェント」ごとに特徴があります。

自分に合った「転職エージェント」は、ググれば簡単に見つかるので、ぜひ自分に合いそうなところ複数に登録するところから始めてください。

Column 01

転職エージェントとキャリコンの見分け方

応募書類を添削してくれたり、適職についてアドバイスをしてくれたり、皆さんの転職を支援してくれる存在は、大きく分けて2種類あります。

① 転職エージェント

一つは「転職エージェント」(以下、エージェント)です。リクルートエージェントやビズリーチなどが有名です（29ページ参照）。

ネット上から転職支援サービスを申し込めば担当者が付いて、あなたに合った求人を紹介してくれます。

その他、応募書類作成のアドバイスや応募企業との面接日程の調整、その面接後のフィードバック、そしていざ内定となった際の入社日調整や年俸交渉などにも対応してくれます。まさしく至れり尽くせりな転職支援で、しかも無料！

ただし、これらを享受できる条件として、あなたが「売れる」人材でなければなりません。

なお「優秀＝売れる」とは限りません。

たとえば昨今、アメリカの巨大IT企業GAFAMが数万人規模のリストラを実行中です。

今回のリストラ対象となった人達はかなり優秀なはずですが、「社内では、売れない人材だった」ということです。

つまり、「その時の雇用市場で売れる人材であること」が重要なのです。

②キャリアコンサルタント

もう一つは「キャリアコンサルタント」（以下、キャリコン）です。

こちらも、あなたの転職に関する様々な悩みなどを相談できたり、応募書類を添削してくれたり、面接の受け答えのアドバイスをしてくれます。

両者とも同じような転職支援をしてくれるので、つい混同しがちですが、その役割は大きく違います。

エージェントは、求人企業と求職者をマッチングさせて初めて求人企業から手数料が入るしくみです。そのためノルマがあるなど、営業的要素が強いのです。

求人企業側の意向を強く受けており、求職者の本意ではない求人を強く勧めることがあります。

一方で、キャリコンは目の前の本人だけに向き合うので、そういったことはありませんが、エージェントのように求人を紹介する機能は持ち合わせていません。

また、エージェントは転職支援を申し込んできた本人には課金しませんが、筆者のようなキャリコンは転職支援を生業としているため、本人に課金します（東京しごとセンターのような公共機関に所属し、そこから報酬を受けているキャリコンは除く）。

結論として、

・売れない人材でも対応してくれるか
・求人紹介の有無
・転職支援サービスが有料か無料か

という視点で、どちらを選ぶかを決めるのがお勧めです。

Column 02

緊張をほぐすには？

実は、筆者自身も大学や公共機関におけるキャリアコンサルタント職に応募し選考面接を受ける中で、アガってしまった経験があります。若手の皆さんがアガってしまうのは当然です。恥じることはありません。

しかし、緊張しすぎて本来の力を発揮できないとなると、やはり問題です。

そこで、筆者が実際にやっている方法を公開します。

一つ目は、すでにふれた深呼吸です（25ページ参照）。

二つ目は、「あえて面接官をなめてかかる」というやり方です。

「この人に生殺与奪を握られている」と思うから、必要以上に緊張するのです。「面接官もしょせん人の子」という視点に立ち、「メタボですよ、面接官」「さすがにそのネクタイはないでしょう」と、面接官のネガティブな面をピックアップ。相手の「残念な点」にフォーカスすると、対等以上の関係になるから不思議です。

最後は、「面接自体を俯瞰的に見る」。視野が狭くなると、おのずと緊張が高まります。とはいえ面接が始まってからキョロキョロするのは良くありません。

そこで、入室時に面接室全体を把握するように目を行き渡らせたり、複数の面接官に目線を合わせるよう切り替えたりすることによって、自然に俯瞰するのです。

Part 2

こう言えば受け入れられる！「ネガティブ要素」の打ち返し方

——面接官の心理を読めば答え方は自然に分かる——

ネガティブ要素は、こう打ち返そう

事前に想定される質問に対する回答を準備するのは、面接対策の基本のキです。

その中でも「アウェー」であるネガティブ要素を打ち返さないと、若気の至りではすまされず、内定獲得は難しくなります。

そこで具体例をあげて、効果的な打ち返し方を解説していきます。

ネガティブ要素を打ち返す①

メンタル休職の経験がある人

今、これはどの年代でも非常に多くなっているケースです。

たとえば「今まで休職した経験はありますか？」と質問されたら、つまびらかに話をするわけにもいかないと思いあぐねて回答に窮《きゅう》する人も多いです。

メンタルの疾病は複雑で、再発することもあり、完治も寛解も難しいでしょう。

そのため、安定的な業務遂行が難しく、職場の安全配慮義務上の問題も出てきますので、面接官としては積極的ではないのが本音です。

回答のポイントとしては、「入社したら、仕事はちゃんと遂行できる」ということを伝えれば良いのです。

だから、休職時の疾病や服用薬、症状などを**詳細に話しても面接官の不安をあおるだけ**です。

「そういった時期はあったが、今はもう問題ない」
「頑張りすぎた反動で休んだ時期があったのは事実だが、今は限界を知っている」
「大変つらい経験をしたので、普段から体調管理は徹底できている」

といった回答をするしかありません。

隠蔽《いんぺい》はやはり良くありません。

詳細に伝えないまでも、聞かれたにもかかわらず事実を正確に伝えないと、仮に入社できても、後で問題化する可能性が非常に高いです。

だから、**疾病に関しては概要レベルで良いので、きちんと伝え、今は問題ない点を強くアピール**しておくことが大事です。

これで不採用なら、他を当たるしかありません。

ネガティブ要素を打ち返す②

年齢のわりに昇進が遅い人（「30代なのに一般社員」など）

年相応の職位に就いていない点を指摘されて、

「前職では不当な評価を受けていたから」

「年功序列で、若手にチャンスが回ってこない職場だったから」

と**言い訳がましいのはNG。**

事実は事実なので、まずはそれをきちんと受け入れて、若手ゆえに未来に向けて頑張ると宣言するのが、ここではセオリーだと考えてください。


たとえばベンチャー企業なら昇進のスピードが速くて、20代でも役員級というのは珍しくないが、老舗企業ではそうはいかないという実情を、面接官もちゃんと理解しています。

だからこそ、くどくどとその指摘を打ち消すのではなく、

「自分なりに頑張っていたつもりだが、確かに前職では周りより遅かった」

と事実を受け入れた上で、

「御社に転職が決まったら、前職の悔しい思いを糧に、より一層頑張るつもりです」

という構成で伝えるようにしてください。

ネガティブ要素を打ち返す③

（部下もおらず現場に専念できるのに）実績がない人

「前職ではこれといった実績を上げてこなかったのですね？」という指摘に対して、「はい、ないです」と凹んで後が続かない、あるいは「いや、前職ではこういった状況だったので、私でなくても実績を上げるのは困難でした」と、言い訳がましいのはＮＧです。

20代半ばくらいまでなら「確かに今はないけど、御社で頑張って実績を残してみせます」といった初々しい回答もありでしょう。

それ以降の年齢ならば、このやり方は通用しません。

30代ならそれなりにキャリアを積んできたはずですから、子細でも残した実績の一つや二つは必ずあるはずです。**応募書類には詳しく書けなかった、その背景や具体的な取り組み、残した実績を丁寧に解説すれば良いのです。**

そもそもエース級を求めているなら、実績のない人は面接に呼ばれません。

また、営業などでなければ、定量的な表現も難しい。

だからこそ、ていねいに詳細を語るべきなのです。

ネガティブ要素を打ち返す④

未経験の業界に転じたい人

職種は同じだけれども、業界を変えたいという場合です。

この場合は、今まで培ってきた経験・スキルが充分に活かせる可能性が非常に高いです。なので、「未経験ですが、一生懸命、頑張ります！」だけの初々しい回答は、もちろんＮＧ。また、「業界が変わっても、やることは同じでしょう」も、業界の理解が不足していると切り捨てられる危険性があります。

なので、ここは事前の求人情報の読解や業界研究を元に、**「今すぐにできること」、「今すぐにはできないこと」を整理して伝える**必要があります。

たとえば「今回の求人情報を拝読するに、主たる業務である○○や××は、前職で十二分に経験しておりますので、御社入社後すぐに対応できると思っています」と、まず「できること」を明確にしておきます。

その上で「ただ、本業界はまったくの未経験ですので、業界慣習や業界独自のルールを含め、前業界との違いをいち早く理解して、間違いのない業務遂行ができるように頑張りたいと思います」と、「できないこと」を伝えるようにします。

ネガティブ要素を打ち返す⑤

未経験の職種に転じたい人

20代半ばくらいまでなら、新卒就活生と同じ扱いになる場合が多く、未経験でも、

「本職は未経験ですが、一生懸命頑張ります」

といった初々しい回答で受け入れられるでしょう。


問題はそれ以降の年齢の人です。

初々しさだけではＮＧ。

かといって、

「確かに未経験ですが、前職の8年間で培った**○○の経験・スキルはきっと本職でも役立つと確信しています」は、外す危険性が高いです。**


というのも、やはり未経験ですので、「未経験なのに、いったい何を言っているのだ。本職に対する認識が甘いのでは？」と、面接官に見られてしまうからです。

なので、こうした専門的な経験・スキルではなく、ビジネスパーソンとしてのそれらを軽くアピールする程度にしておきつつ、今までのキャリアから今回、職種を変える心境や覚悟、そして本職で頑張りたい強い思いを語る方に比重を置いて語ってください。

ネガティブ要素を打ち返す⑥

夫（妻）のメンタル疾患などによる退職に伴い、転職したい人

たとえば、いったんキャリアライフを離れて子育てに専念するつもりだったが、配偶者の不慮の事情により、家計を支える必要が発生したといったケースが該当します。

ポジティブな理由ではないため、回答に窮する人が多いようです。


ここも変に小細工するのではなく、**背景や本音をきちんと伝える**べきです。

たとえば、

「先月、夫が疾病によって退職となりまして、夫はしばらく治療に専念することになりました。そこで家計のために私も働きに出ることを決心しました」

といった具合です。


もちろん、これだけで終わってはもったいない。

たとえば、

「事情がどうあれ、働く以上、生半可な気持ちで仕事をするつもりはありません。私には家族の生活がかかっていますので、御社で働くチャンスを頂けたら全力で頑張ります」

と必死さ、本気度をＰＲしておきましょう。

ネガティブ要素を打ち返す⑦

夫（妻）の転勤（移住）に合わせ転職したい人

コロナ禍でフルリモート勤務が認められるようになってから、こうした背景を持つ転職希望者も増えてきています。

ただ、ポジティブな理由ではないこともあって、転職理由を聞かれたさい回答に窮する人も多いようです。

たとえば、

「夫がフルリモート勤務になったことがきっかけで、家族でよく話し合ってこの地での生活を選びました。そしてせっかくだから、私もこの地で働こうと思い、転職先を探しています」と、背景や本音をそのまま伝えて良いのでしょうか？

このフルリモートの件に限らず、たとえば大手企業での全国転勤の事例もあることから、面接官も納得できる内容なので、ＯＫです。

ただし、このままで終わってはもったいないです。

この後に、「この地方の中でも、**なぜ御社を志望しているのか？**」に話題を移しましょう。

家庭の事情によって住所も変わり新天地を探しているというプロセスをきちんと理解してもらった上で、そうした中でも私は御社でぜひ働きたいんだ、と志望理由をアピールする絶好の機会だと捉えてください。

ネガティブ要素を打ち返す⑧

転職回数が多い人

実際どれくらいだと多いのか？　と、よく私は質問されます。

職種や業界によって違いますが、若手ならおおむね**３回以上なら多い**と捉えてください。

上司からのパワハラがひどくて、同期入社も半年で皆辞めたなど、退職理由が自分のわがままに起因するものでなくても、やはり回数の多さを高評価とする面接官は皆無です。

こういう場合、非常に悔しい気持ちは分かりますが、ここは伝え方を工夫しないといけません。

「転職回数が多いですね？」と言われて、「いや、多いとは思っていない」と事実誤認の反《はん》駁《ばく》をしたり、「多いかもしれないが、環境適応能力が身についている」と無理やり**売りにつなげるのはＮＧ**です。

転職を繰り返してきたのは、すでに過去の話であることは、面接官も理解しています。

だからこそ面接官は、過去をしっかり振り返り、簡潔に自分なりの弁明を述べる応募者から、**若手らしい真摯さ、誠実さ、潔さを感じ取りたい**と思っています。

反省を踏まえた上で、心新たに御社で腹を据えて働く覚悟、たとえば、

「こうした面接のチャンスを頂いた御社で、きちんと定着して安定して働きたい」

といった熱い思いを語ってください。

ネガティブ要素を打ち返す⑨

直近の勤続年数が短い人

一般的に**在職3年以内**なら、この「短い」に該当すると考えてください。

ここは自責と他責の2つのパターンがあります。

自責は、自らの意思で短期離職した場合が典型的です。どのような事情があったにせよ転職には不利に働きます。「最近すぐ辞めた人」を、わざわざ採用する動機がありません。

一方、他責の場合、会社都合、たとえば倒産や事業所の廃止・縮小による短期離職であれば、その事情をきちんと伝えれば良く、そうすれば不利には働きません。**負い目に感じず、毅然と語って下さい。**

さて自責の場合、

「実は前職の上司に問題があって〜」

「入社前の説明と大きく違って、実際はこのようなひどい状態で〜」

と、くわしく説明したとしても、面接官は「あなた自身にまったく問題はなかったのか？」と疑っています。

なので、「会社と私のベクトルが違うのが分かったので、決断は早い方が良いと考えた」と、経緯や理由に触れつつ、「短期離職は自分も望んでいない。次は長く定着して働きたい」という決意を語っておきましょう。

Column 03

面接も「人見知りキャラ」でOK？

自身のキャラが明朗活発だったり、積極的で前向きだったりとポジティブなものなら、間違いなくそのままで良いと自己判断して面接に臨むことでしょう。

一方「人見知り」などネガティブな場合、「面接ではポジティブキャラを演じた方が良い？」という相談を、特に若手の転職支援希望者から受けることがあります。

確かにネガティブなものだと、面接官に良い印象を持ってもらえないリスクはあるでしょう。

また「おどおどしてるけど大丈夫？　普段からそうなの？」と自身のキャラを否定されると動揺し自己ＰＲどころではなくなることもあり得ます。

では、どうすれば良いか？

原則「ありのまま」で臨みましょう。

というのも、人間の性格や行動特性は、変えたいと思っても簡単には変わりません。

無理に背伸びしても、百戦錬磨の面接官が見ればすぐに分かるからです。

そもそも、違うキャラを演じられるレベルの演技力など誰も持っていないはずです。そんな力があったら（実際に仕事ができるかどうかは別として）面接突破なんて楽勝でしょう。

逆に、安泰と思われがちな「ポジティブキャラ」でも、「（何の根拠も示さずに）私なら環境の変化への対応など簡単！」

「（面接官から、あるいは世間一般的に見ても大したことがないのに）私はすごい！」といった言動が前に出すぎると、傲慢さや自意識過剰といったマイナス評価につながることもあるのです。

どんなキャラであっても、1点だけ面接本番で絶対にやってほしいことがあります。それは「面接官の目をしっかり見て話す」です。

人見知りだからと伏目がちだったり下を向いて話したら、伝わるものも伝わりません。「この人、人見知りだからな」と斟酌《しんしゃく》してくれると期待しないようにしましょう。

面接官も、いろいろなキャラクターの人がいるのはもちろん知っています。無理をしている人を採用しても、その無理は続かないと見ています。

そして人事戦略上、そのキャラを殺すのではなく活かす方向で考えています。

「物静かで、チームを盛り上げるタイプではないかもしれないが、発言が慎重で数字を交える習慣がついており説得力がある。弊社の営業チームAは、リーダーがイケイケでノリで突っ走るところがある。一方で聞く耳も持っているリーダーだから、Aに入ってもらうと相乗効果を発揮するかもしれない」といったようにです。

だからこそ、「ありのまま」で臨むべきなのです。

それで不採用になったとしたら、「入社しても、私のキャラが活きなかった会社だということだ」くらいに思って、次への応募に気持ちを切り替えてください。

Column 04

アドリブが効かない……対処法は？

とっさに回答が出てこないときの対処法は、大きく分けて2つです。

「少し考えさせて頂いてよろしいでしょうか？」

と、目線を落として、回答が浮かぶまで考えてみるのが一つ目です。

そして、

「回答が浮かびません。申し訳ございません」

と、素直にわびるのが二つ目です。

たとえば「当社の志望理由」や「自己PR」を聞かれて、この2つの方法を用いるのは明らかにおかしいですね。

これらは「超」がつくほど定番の質問だからです。聞かれるに決まっています。アドリブが効かなくても問題ないはずです。

話すのが苦手な人は、アドリブを効かせるようなシーンがまったくない、もしくは全体から見て軽微である、というのが理想のはずです。

そのためには、事前に徹底的に面接対策をするしかありません。

これを十二分に行ったにもかかわらず、それでも対応できない質問なら、いわば傍流で配点自体が低いものと割り切るしかありません。

「うまく回答できなかった」と、面接本番中に引きずると、面接全体に悪影響を及ぼします。

Part 3

ポテンシャルを感じさせる「自分」の伝え方

――経歴、自己PR、長所・短所、5年後の姿、ストレス耐性etc.――

Q&Aの前に、知っておくべきこと

ここまで、若手ゆえの転職面接での鉄則や、「ネガティブ要素」の打ち返し方を解説してきました。

ここからは、面接本番で実際に出題される質問に対して、どのように回答すれば良いか、NG回答や模範回答（「OK回答」）を用いながら、解説していきます。

具体的な質問内容に入る前にPart3からPart6までのポイントを整理しておきます。

Part3 「あなた自身」に関する質問

ここの質問に対する回答のキモは、言うまでもなく**「自分をきちんとPRすること」**です。

とはいえ、自分には冴えた「売り」がないので何を言っていいか分からない、という人も多いかもしれません。

ただ、皆さんは新卒と違って、短くても社会人経験があるわけですから、そこに焦点を当てて「売り」を作成していくと、間違いのない回答ができます。

この作成の際に役立つのが**「スキルピラミッド」**です。

これは下から順に、「①ヒューマン」、「②ビジネス」、「③テクニカル」という3つのスキル

スキルピラミッド

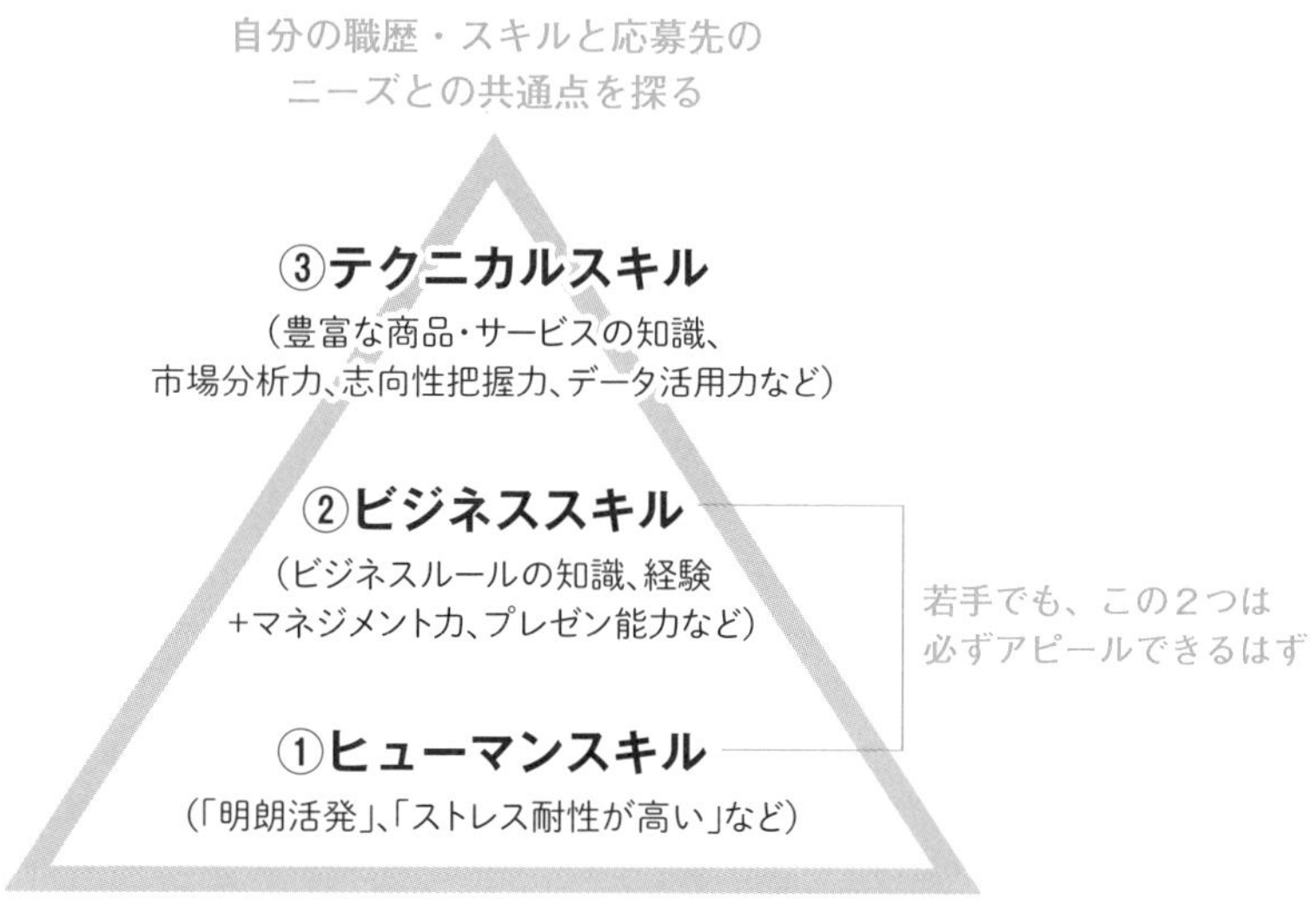

階層から成り立っています。

①は、仕事に活かせるご自身の性格的な長所、例えば「明朗活発」、「心身ともにタフ」、「几帳面」といったものと捉えてください。

②は、社会人として身につけている「ビジネスマナー」や「IT操作能力」といったものです。就業経験があれば、一定のスキルは習得済みのはずです。

③は、応募業務を遂行する上で歓迎されるスキルや専門知識のことです。

ベテランと違って若手なら、③は乏しくても、**①②は備わっているはず**です。

「売りがない」と困っている人は、①②を軸に探してみてください。

Part4 「応募業界・企業・職種」

ここでのキモは「応募企業、応募職種への強い思いを感情論でなく**ロジカルに伝える**」です。

そのため、業界研究、企業研究、職業研究は必須です。

これをしない人が圧倒的に多いため、ここに労力をかければライバル達に大きな差をつけることができます。

Part5 「退職・転職・労働条件」

キモは**「『実際に当社でやっていける？』という面接官の懸念を払拭《ふっしょく》すること」**です。

特に若手の場合「嫌なら辞めればいい」という感覚は根強く、この点は面接官にとって一番の不安材料です。

「前職をすぐ辞めた」、「転職回数が多い」など、過去にどういう事情があったにせよ、また入社後に「給与が下がる」、「残業が多い」といった辛い状況が待ち受けているにせよ、応募企業で働いていく覚悟、決意をしっかりPRしてください。

Part6 「一般時事・社会問題・想定外」

出題頻度や可能性はＰａｒｔ3〜5より格段に落ちますが、若手、特に20代前半なら潜在能力を試すこうした質問が出題されます。

「志望動機は？」といった定番と違い、何を聞かれるか分からないため、すべてに完璧に回答するのは難しい。ただ、ここで**面接官の質問意図や想定外の場合の対処法などをつかんでおけば、本番で焦ることなく対応できるでしょう。**

Ｐａｒｔ７ 「圧迫系」

単に応募者を追い込む理不尽な圧迫質問は、すぐネットでさらされ会社の価値や信頼を大きく失うリスクがあるため、激減しました。

ただ、「圧迫系質問」、つまり一つの事象に対して、より深く厳しく追及する質問は健在です。キモは**「決して感情的にならず冷静に対処すること」**。

むしろ「こうして深堀りしてくれるのは、自分に興味を持っているからだ」と前向きに捉え、焦らず、できれば機転の利いた対応をしてください。

Ｐａｒｔ3からの具体的な質問に対して、自分なりに回答を考えて面接本番までにきちんと用意するようにしてください。

それが転職面接を成功させる最大のコツです。

それでは早速、具体的な質問内容とその解説を見ていきましょう。

Question 01

今までの経歴について説明してください

経歴書の内容と話す内容の整合性は取れてるかな?
経歴書に書ききれなかった追加情報・補足情報こそ聞きたい
長々と自分史を語るのではなく、訴求ポイントを明確にしてほしい

実績やキャリアの不足を補おうと、応募書類と面接での回答の乖離《かいり》（大した実績や経験がないのにあるように語る等）が見受けられますが、秒殺（即不採用決定）です。

書類では限られた文字情報しか伝えられませんが、口頭なら追加・補足情報を伝えられます。書き切れなかった具体的なエピソードや実績を、適宜盛り込んでください。

面接官は書いてあることは知っていますから、実はこの追加・補足情報を一番聞きたいと思っており、その情報で**経歴の裏付けをきちんと取っておきたい**のです。

また、自分史を語るごとく長く話す方がいますが、訴求ポイントを明確にして「分かりやすく伝えるスキル」も評価対象です。

応募業種・企業・職種に**活かせる（であろう）経歴を端的に話し、関係ない経歴はサラッと**触れる程度にしておくことで、応募企業の職種に自身がマッチしていることをアピールするのがコツです。

たとえばこういう人の場合

28歳男性。大学卒業後に新卒入社した金融会社で約6年、営業職として勤務。今回は初めての転職で不動産営業職への応募。

NG!

「新卒入社した会社は、デザイン会社でした。そこでは～」

⇨ 今回の求人と全く畑違いの経歴について多くを語るのは、有効ではありません。

OK!

「新卒入社した先物取引を業とする○○商事株式会社で約6年勤務し、金や先物商品などの金融商品の新規開拓営業をしていました。

埼玉営業所に3年、新宿営業所に3年所属し、エリア内での個人を対象としていました。入社以来ほぼ毎日100本超ものテレアポを行い、いわゆるガチャ切りやクレームも日常茶飯事でしたが、それらの対処術を会得できたのは、私の誇るべき強みだと自負しています」

⇨ 同じ営業職への転職ですが、業界が異なるため、前所属先の件にサラッと触れた後で、経歴書には書けなかった具体的なエピソードを述べるのは、効果的です。

Question

02 自己ＰＲしてください

ごまかし不要、地に足の着いた、等身大のＰＲを聞きたい
長い自慢話は聞きたくない
「当社への役立ち度」を期待させてほしい

応募者、特に若手となると、つい自分を大きく見せようとしがちです。

ただやはり「盛りすぎる」と、他の質問への回答も半信半疑でしか聞いてくれなくなるので要注意です。

たとえば、後述のＯＫ例にある50件の訪問件数。毎日なのか、ほぼ毎日なのか、単に目標として掲げただけで実数は半分くらいなのかで、意味合いは違ってきます。前２つは大丈夫ですが、３つ目では発言の信憑性が疑われ、即座に突っ込まれてボロが出て秒殺されます。

ここは極力盛らず、応募者の等身大であるＰＲを述べるようにしてください。

また、何の確証もない自己ＰＲは、単なるうぬぼれ、自慢話に過ぎません。単なるうぬぼれ、自慢話なのか、ＰＲなのかの違いは、そのＰＲポイントに「客観性」があるかどうかで決まります。

具体的なエピソードを添えて、話に「客観性」を持たせるようにしてください。

そして、そのＰＲが当社で役立つかを面接官が考えるまでになったら、満点の回答です。

たとえばこういう人の場合

25歳女性、大卒。今まで2社で営業職を経験。

今回は異職種（未経験可）への応募。


NG! 「私はこれといってPRすべき点がないのですが、強いて言うなら～」

謙遜やPRがない旨は、話が無駄に長くなるだけですので、一切不要です。


OK! 「私の最大の売りは、根気強さです。

前職の営業では、ノルマ達成のために自分に1日50件の訪問を課して黙々と実行しました。

これを半年続けたら商談を得られるようになりましたが、ただせっかく得た商談ですから、慎重かつ丁寧に提案書や見積書を作って、何度も見直すようにしました。

実は過去に一度、見積金額に誤りがあり、大型商談を逃した苦い経験がありました。過去の過ちを素直に反省し、次に生かすための、自分ができる最大の改善策が徹底した見直しでした。このように地道な努力を重ねることができるのが、一番の強みです」


前職での営業での取り組みから、PRを裏付ける「客観性」を伝えています。

また、業務上の堅実さや着実さがあるため、面接官も入社後の活躍に期待しやすくなるでしょう。

Question

03

あなたの長所を教えてください

印象と乖離した長所を主張されても困惑するだけだからね
根拠のない、自画自賛の自慢話は聞きたくない
当社の社風とのマッチング度をはかりたい

長所にはいろいろありますが、ここで大事なのは、数ある中で選んだ長所が、面接官の抱く印象や見立てときちんとマッチしているかどうかです。

たとえば「明朗活発」。

暗いよりは明るい方が面接ウケが良いので、これを選択するのは理解できます。また、これは数値化できませんから、いわば言ったもの勝ちです。

しかし、「無理して明るくふるまおうとしている」と、ズレを感じて不信感を抱かれるのは避けなくてはいけません。

また、この質問には応募者全員が１００％、「能動的なこと」を挙げますから、面接官は額面通りに受け取らず、「本当にそうかな?」「なぜそう言える?」という視点を常に持って見ています。そのため、長所を裏付ける**具体的なエピソード**を聞いて納得したいと思っています。

さらに、「その長所は当社でうまく機能するかな?」という視点から、配属が予定される組織風土や職場仲間との関係性を意識しながら、適合度合いを見たいと思っています。

たとえば こういう人 の場合

32歳男性、専門学校卒。今まで3社でSE派遣としてシステム開発業務に従事。今回は社内SE職の正社員への応募。

NG!

「石橋を叩いて渡る、慎重すぎる点です。これは長所でもありますが、短所でも～」

⇨ 長所を問われていますから、自分の長所を前面に出してアピールしないといけません。

OK!

「私の長所は、誰に対しても寛容であるということです。

今まで3社での勤務経験がありますが、どの職場でもこの寛容さを持って接し、おかげさまでどの職場の仲間とも良好な人間関係を築きあげることができ、毎日働くのが楽しかったです。

SEという仕事柄、長時間勤務は当たり前で、職場仲間とは家族よりも一緒に過ごす時間が長いですから、この関係性を大切にしていました。

幼少の頃から母親に『誰にでも優しく接しなさい、そうすれば必ず自分に返ってきます』と教えられました。これをずっと実行してきたからこそ、これが自然にできるのだと思います」

⇨ 抽象的になりがちですが、2つのエピソード（職場での話と、母の教え）により、応募者の寛容さが伝わってきて、「当社でも適合する期待」を抱かせます。

Question
04

あなたの短所を教えてください

面接官が知りたいのはココ!

ネガティブな内容だからこそ、できるだけ本音で!
短所をごまかす説明は聞きたくない
当社や仕事に悪影響を及ぼさないかな?

短所は、マイナス評価につながりかねないネガティブ情報を自ら発信するのですから、回答しづらいでしょう。

しかし人間である以上、短所のない完璧な人などいないことは面接官もじゅうぶん理解しています。だから面接官から見た応募者の人柄と短所にズレがありすぎると、「本当のことを言わない不誠実な人」と烙印を押されてしまいます。

また「短所を長所に置き換えて話せ!」というアドバイスをよく目にしますが、わざわざ短所を短所でないかのように説明されても、質問に正確に答えていないので、マイナス評価に直結となります。

なお、いくら応募者の本音を実直に答えたとしても、その短所が会社や仕事に悪影響を与えるようなもの(**「すぐカッとなる」「感情をコントロールできないときがある」**等)だと間違いなく秒殺されますので要注意です。

たとえばこういう人の場合

29歳男性、大卒。今まで新卒入社した会社で経理職に従事。今回は初めての転職で、同じ経理職への応募。

NG!

「短所というべき短所はないと思っているのですが、強いて挙げるなら〜」

⇨ そもそも短所がない人間はいませんし、これでは回答になっていません。

OK!

「私の短所は、人に対して甘いところがあることです。

私は温和で争いごとを嫌う性格もあって『なあなあ』で済ますことが多く、現職で2年前に主任になったときも、後輩や部下の業務上のミスや手抜きについて叱ることができませんでした。

こうした状況を見かねた上司から『プライベートはともかく、仕事をする上ではこの甘さは致命的で、君だけでなく、後輩や部下のためにもならない』と、厳しく指導頂きました。

この後私は、言うべきことはきちんと言うということを心がけて、日々これを実践するように努めています」

⇨ 短所を単刀直入に伝えた上で、その背景や上司の指導による変化、現在の努力が端的に盛り込まれています。こうした内容なら、好印象は間違いなしでしょう。

Question
05 今までの実績や評価について教えてください

等身大の自分を客観的に把握できているかな?
大げさな自慢話は聞きたくない
その実績や評価はどうやって生まれたのか、その背景を知りたい

前（現）職の実績や評価について、自分の口でどう語るか。

通常は先に応募書類でPRしているはずなので、定量的に表現できるものは、そのまま伝えれば良いのです。たとえば、「年間に1億円売り上げた」といった営業実績は分かりやすいでしょう。

一方、業務実績を数字で表しにくい職種は、上司や仲間からのインフォーマルな評価（「君はうちのホープだ！」と課長から言われた等）でもOKです。

いずれにせよ客観性が必要で、独りよがりでは面接官に懐疑的に見られアウトです。

また、「たった一人ですごい大業績をあげた」は眉唾ですから、等身大の実績を伝える必要があります。

なお、面接官は、その業績や評価を生み出せた**背景を、最も知りたがっています。**ラッキーだっただけなのか、応募者の粘り強い不断の努力の賜物なのか、プロセスや背景を知った上で、当社に役立つ人材かを確認したいのです。

たとえばこういう人の場合

30歳女性、大卒。今まで住宅営業一筋で、2社に勤務。今回は3社目の転職で、同じ住宅営業職への応募。

NG!

「私は任務を誠実にこなしていただけですので、これといった実績はありません」

⇒「まったくない」では回答になっていません。

OK!

「前職在職中の6年間、ノルマをすべてクリアできたことです。

前職ではホームページ等からの反響営業が主で、展示場での来場者を待つのみでした。そこで、紹介者に謝礼をする既存の紹介制度に注目し、これを機能させるためには、既に購入頂いた方へのアフターケアが大切だと考えました。

今までは数字にならないからとアフターケアを怠ってきた傾向がありましたが、売りっぱなしではなく、こまめに連絡を入れて不具合がないか等を聞いて、既存客との信頼関係を構築するように努めました。

その結果、既存客から毎年着実に紹介案件を頂くことにつながっていき、一昨年からは成約件数の40％を占めるまでになりました」

⇒問題点発見から具体的な取り組みに至る経過が具体的に盛り込まれており、納得感のある回答になっています。

Question

06 現職（前職）と当社の違いは何だと思いますか？

現職（前職）の悪口は聞きたくないよ
当社を過大評価しすぎていないかな？
当社についてちゃんと企業研究してきたかな？

若手に限らず、現職（前職）を貶《おとし》めて応募企業を持ち上げる回答をする方が多いのですが、NGです。「当社を辞めたくなったら、同じように悪く言うのだろう」と、面接官の心証が悪くなります。

ぜひ「立つ鳥、跡を濁さず」の精神で答えてください。

また、応募企業を**持ち上げすぎるのもNG**です。

現職（前職）を下げた上で相手への熱い思いを伝えても、逆に「実際はあなたが思うほど良い会社じゃない。いろんな課題がある」と、面接官と認識の違いが表面化してしまい、マイナス評価につながるケースがあります。

だからこそ、応募企業の企業研究を綿密に行い、現職（前職）との違いを明確に伝える必要があります。

この場合、自分の抱くイメージを何となく語るのではなく、**具体的な事実に基づいた話**をして、実際に応募企業で働けることをPRしてください。

たとえばこういう人の場合

27歳男性、大卒。新卒入社した会社に勤務。今回は初めての転職で、同業種メーカーの同職種への応募。

NG!

「御社はすべてが非常に素晴らしいと思います。それに比べて、前職は〜」

⇨ おべんちゃらが過ぎるのは良くありません。

OK!

「いずれも同業界ですが、企業文化がまったく違うと思っています。前職はオーナー企業でしたので、完全なトップダウン経営でした。コロナ不況の中、過去最高益を出した社長の経営手腕は高く評価されています。一方で御社は、現在の近藤社長が就任されてから、社内体制を経営者層、中間管理者層、社員層の３階層とシンプルにして、経営者と従業員の距離感を緊密にされたのが一番の特長だと思っています。先般の会社説明会でも、御社社員の方が、自分達の提案や意見を自由に言える組織風土がある、しかし言う以上は責任も重いと強調されていました。自由と責任は表裏一体であり、改めて御社のシビアな側面も認識できました」

⇨ 両社の組織風土の違いに触れつつ、応募企業の良さだけを持ち上げるのではなく、シビアな現実を認識している点に触れて、現状と思いに乖離がないことを伝えています。

Question

07 今後のキャリアプランについてお話しください

自分本位の夢物語を語られても困るよ
当社に入社した後の、具体的かつ実現性のある内容を伝えてほしい

若手の皆さんは、おぼろげながらもキャリアプランを抱いているでしょうが、自己中心的な話に終始すると、面接官にマイナス印象を与えてしまいます。

よくある自己実現の話だと「当社は利潤を追求する組織であって、あなたの自己実現を叶えてあげる場所ではない」と秒殺されます。

応募企業の方向性と、応募者のキャリアプランがマッチしていることが、最も重要です。特に、それが**応募企業で実現可能なのか**、見極める必要があります。

たとえば、インフラ系企業とベンチャー企業では、社風や組織体系が正反対です。後者はともかく、前者はヒエラルキーや命令系統が厳格ですから、「早い時期から新しい企画をどんどん打ち出していきたい」的なプランは「当社には合わない」と見なされ通用しないことがあります。

キャリアプランの実現性や具体性などを、しっかりと伝えるようにしましょう。

この内容がアバウトすぎると単なる思いつき、絵空事と判断されてしまいます。

たとえばこういう人の場合

25歳女性、大卒。新卒入社した会社に約3年間勤務。今回は初めての転職で、異職種への応募。

NG!

「御社でしっかりとノウハウを得て、いつかは起業したい思いがあります」

⇨ 自分の思いを実現するために応募企業を踏み台にするかのような発言は、頂けません。

OK!

「まだ漠然としていますが、私は将来、御社の経営を担う人物になりたいと思っています。

年代別に分けて考えてみますと、20代は何事においてもがむしゃらに取り組む時期で、いわば修行、下積みの時期と捉えています。

30代でしっかりと自分の専門スキルを積み上げ、40代にはマネジメントスキルを体得し、50代では会社を引っ張っていく立場に就くというように考えています。

それなので、目の前にあるすべての仕事に無駄などない、経営側に立つための有意義な経験であると、自分に言い聞かせています」

⇨ 若いので、これくらい青臭くてもOKでしょう。年代別のように時系列に落とし込んで話すのは、非常に分かりやすく、面接官の共感を得やすいでしょう。締めとして、仕事への真摯な向き合い方をさりげなくアピールしているのも好印象です。

Question
08
当社でどういう仕事をしたいですか？

面接官が知りたいのはココ！

今回募集している当社の仕事を、ちゃんと理解しているかな？
「したいこと」と「やれること」の乖離はないかな？
幻想を抱いていないかな？　実現可能性はあるかな？

応募企業の仕事をちゃんと理解していないと、面接官が満足する回答を話せません。ですので、事前の企業研究の深度を問われていると考えてください。

キャリアを積んだ30歳前後と、それより若い層では、求められる回答が違ってきます。

前者は、キャリアに基づいた「やりたいこと」を、後者は自身のポテンシャルやパーソナリティに基づいた「やりたいこと」を話すべきです。

就活生によくある「商品企画をやりたい」といったレベルの回答は、中途採用者には求められていません。

面接官は、本人のモチベーションがある分野で働いてもらった方が成果が上がることを認識していますので、やりたい仕事ができるよう期待に応えたいと思っています。

しかし、その「やりたいこと」が、社内で実現可能でなければ意味がありません。

そのため、**「やりたいこと」にズレや勘違い、妄想がないかをチェックする質問**でもあるのです。

たとえばこういう人の場合

32歳男性、高卒。高校卒業後に入社した会社で約14年間勤務。今回は初めての転職で、同職種への応募。

NG!

「リーダーシップに自信があるので、皆を統率するマネジメントの仕事を～」

⇨ 自己申告だけで、管理ポジションを任せることはありません。

OK!

「私は14年間、旋盤加工の技術者として働いてきましたので、御社でも同じくこの仕事に就き、この経験を活かしていきたいと思います。

御社では社内マイスター制度がある旨お伺いしておりますので、御社に入社が叶いましたら、今後一層自身の技術に磨きをかけ、社内マイスターの称号を得られるように頑張りたいと思います。

また、私は口下手であまり人付き合いが得意な方ではありませんが、日本のものづくりのため、御社の発展のため、私が養ってきた旋盤加工の技術やノウハウを、御社の若い社員達に教えることにチャレンジしていきたいと思っています」

⇨ 豊富な経験があるために自身のキャリアに基づいた「やりたいこと」を明確に話すことで、納得性が高まります。

また、チャレンジしたいことも分かりやすく、入社に対する熱い思いが伝わってきます。

Question
09 あなたの夢は何ですか？

プライベートな夢や、社会人らしからぬ夢は聞きたくない
応募者の夢と、当社の方向性はズレていないかな？

この質問は、「あなたが当社に入社した場合に、叶えたい仕事上の夢は何ですか？」ということを聞いています。だから、「応募企業での」「仕事上で達成したい夢」の**2つの要素を必ず盛り込む**のが本筋です。

これを理解せず、全然違う方向に話が及ぶと、面接官もうんざりしてしまいます。

たとえば、「早く結婚して笑いの絶えない家庭を持ちたい」、「ＦＩＲＥしたい」といったプライベートな夢を懇々と話すケースがよく見受けられます。会話としては成り立っていますが、くれぐれも本筋を外さないようにしてください。

また、仕事上の夢を語ったとしても、応募企業と方向性が合っていなければ、面接官には届きません。

内需産業で今もこの先も海外展開を一切考えていない企業に、「海外展開事業に従事して全世界に御社を知らしめたい」と熱く語っても、当社の事業内容をちゃんと理解して面接に臨んでいるのかと、逆に反感を持たれてしまうでしょう。

たとえばこういう人の場合

26歳女性、大卒。今まで2社を経験。
今回は3社目の転職で、異業種・異職種への応募。

NG!

「もっと稼げるようになって、親孝行したいです」

立派な考え方ですが、プライベートなものは避けておきましょう。

OK!

「私の夢は、御社で今までになかった全く新しい価値を持った製品を企画し、日本国内だけでなく全世界でヒットする商品を創り上げることです。
御社の高い技術力とネットワークを最大限に活かせば、米アップル社の iPhone のように世の中を変えるような革新的で便利な製品が絶対にできると確信しています。
そのためには、まずしっかりと目の前に与えられた仕事を着実に遂行して実績を残し、周りや会社に自分の存在を認めて頂くことで、この夢の実現に一歩一歩近づいていくものと考えております」

本筋通り、応募企業での仕事上で実現したい夢なので、これでOKです。
若手ゆえ、仕事上の話であれば多少青臭くても荒唐無稽でも良いでしょう。
最後に夢実現のための具体的なステップを述べていますので、より面接官の好感を得やすくなります。

Question

10

5年後、どうなっていたいですか?

単なる願望は聞きたくない
その期間でのキャリアプランを描けているかな?

若手ゆえに、この先の5年や10年をどう想定しているのか聞かれることは多いのですが、「5年で、なっていたい自分に到達できるのか?」「5年という期間を、どう捉えているのか?」が、最大のキモです。

会社は年に1回決算で業績をまとめなければならないし、中長期の経営計画も立てます。期限があやふやなものはビジネスの世界では意味がないので、応募者のこの「見通し力」をぜひ見たいと思っています。

したがって、単に自分の願望を思いつくままに話すのはNG。

ここは前述の夢を問う質問と同じく、「応募企業に入社した5年後」に「仕事上でどうなっていたいか」という**2つの要素は必須。**

もちろんプライベートの話に終始するのはNGです。

また、この質問も、応募者の目指すべき方向と、応募企業の方向に**食い違いがないか**を、面接官は確認したいのです。特に5年という現実的な期間ですから、ぜひ後述のNG例のようなズレがないようにしてください。

たとえばこういう人の場合

27歳女性、大卒。今まで新卒入社した1社に勤務。今回は初めての転職で、同業種・同職種への応募。

NG!
「私はこの5年以内にMBA取得を目指したいので、これが実現できれば〜」

⇨ キャリアアップの思いをPRするのは良いのですが、方向性が合わないとNGです。

OK!
「5年後だと32歳で、社会人経験がちょうど10年になります。自分の仕事だけでなく、部下や後輩にも気を配り、組織・チーム全体で業績を上げていく立場に就いていたいと思います。

具体的に言いますと、前職では入社8年目から12年目くらいの方が、10名前後のメンバーを率いるプロジェクトリーダー職に就いていましたので、御社でも類似したポジションがありましたら、このような要職に就いていたいと思います。

そして自分とチームの業績両方に責任を持つ、プレイングマネジャー的な職位で活躍し、次のステップであるマネジメント職への足がかりをつかめればと思っております」

⇨ 時間軸を意識しつつ、なりたい自分に言及できています。また、応募者の入社後のステップアップの構想が具体的に見えますので、面接官もその見立てに共感しやすいでしょう。

Question

11 あなたの職務上の強みは何ですか？

応募職種の業務と関係のない話は聞きたくない
根拠は？
その強み、当社で活かせるかな？

職務上の強みを語るのですから、ある程度のビジネス経験を積んできたアラサー世代と、それ未満の世代では、ＰＲすべき強みが異なってきます。

前者は、今までのビジネス経歴で培った、応募企業の応募職種で役立つテクニカルスキルを中心に語るようにしてください。

後者は、若いので、ビジネススキル、ヒューマンスキルでも大丈夫です。

いずれにせよ、何の根拠も客観性もない強みを語っても、面接官は興ざめするだけです。他の質問と同じく、応募者の回答と面接官の見立てのズレは問題になりますから、よく内容を吟味して語ってください。

面接官は、「なるほど、応募者の強みはもっともだ」と納得すると、「この強みは当社で役立つか？」ということを検討し始めます。

だからこそ、今までの業務経験をバックボーンにして、応募企業で求められているスキルを勘案しながら、自分の強みを前面に出すようにしてください。

たとえばこういう人の場合

31歳男性、大卒。今まで2社とも法人営業職として勤務。今回は3社目の転職で、前職と同業種・同職種への応募。

NG!

「なかなか実績には結びついておりませんが、私には交渉力があると～」

客観性のない自己申告レベルの話は「勘違い君」と見なされて終わりです。

OK!

「私の強みは、決定権者の見極め力とクロージング力です。

今まで2社の法人営業に関わる中で、この2つを会得しました。

決定権者以外との商談は有益ではないため、どの商談でも必ず決定権者を見つけ出して、1分でもいいからアポを取り付けるようにしました。

お互いに貴重な時間ですので、いつも一発勝負の覚悟で、事前に綿密な商談シミュレーションをするなどして、徹底した準備で臨みました。

先方は経営上層部の方ですから多忙で、休日の夜中に呼び出しがあったり、プレー終了後のゴルフ場へ駆けつけたこともありました。

これらの取り組みにより、前年度は自身最高の営業成績を残すことができました」

応募企業で役立つ強みが、具体的なエピソードとともに語られているため、応募企業での活躍を予感させます。

Question
12 職務上で、あなたの苦手な領域は何ですか？

ごまかさないで正直に語ってほしい
自分のことを客観視できているかな？
そのネガティブ要因は、当社でどのような影響があるかな？

職務上のマイナス面を語るのですから、どうしても歯切れが悪い回答になりがちです。

しかし、仕事で苦手なことは誰にでもあることですから、ここは本音ベースで素直に語りましょう。入社後に、「これは私にはできない」「難しい」となると、お互いにとって不幸です。

ごまかしや虚偽は絶対にやめましょう。

前述の「強み」と正反対ですが、きちんと自分を客観視できていれば的確に答えられるはずです。

両方とも最頻出の質問ですから、きちんと自己分析や自分のキャリアの棚卸しをして答えられるようにしておいてください。

応募者のマイナス面が、当社で受忍できるレベルなのか、採用は困難と判断するのかは面接官次第ですが、面接ステージまで辿り着いているわけです。受かりたいからといってごまかすと、入社後の問題に発展しかねないので、絶対にNGです。

たとえばこういう人の場合

（前項と同じ方）31歳男性、大卒。今まで2社とも法人営業職。今回は3社目の転職で、前職と同業種・同職種への応募。

NG!

「いろいろありますが、苦手でも一生懸命やるだけです」

⇨ やる気をPRしたい気持ちは分かりますが、質問に対する答になっていません。

OK!

「私の苦手はテレアポです。先ほど申し上げた通り、クロージング力には長けていると自負していますが、一方でテレアポは苦手です。

新人のときには毎日100本の架電をしておりましたが、リストを元に片っ端から電話をしていくのはなかなか苦痛でした。当時はまだ若かったので、マニュアル通りにしか話せず、アポ取得率も良くありませんでした。

今、この業界ではテレアポや飛び込み営業は効率があまりに悪く、会社の信用問題にも関わるため下火と聞きます。実際、前職、前々職では、HPやDMでの反響営業が主で、御社でも反響中心と聞いております。もちろん必要性があればテレアポもこなしていく覚悟はあります」

⇨ 正直に苦手な業務を伝えることで、好感度は上がるでしょう。また、応募企業で苦手業務がない点を押さえての回答なので、悪影響の懸念も払拭されることでしょう。

Question
13
1分あげますので、ご自身をアピールしてください

面接官が知りたいのはココ!

制約下でのプレゼンスキルはあるかな？
せっかくなので、新たな魅力も伝えてほしい

1分や3分といった、時間を限定してPRさせる質問があります。

せっかく自由に使える時間をもらったのですから、しっかりPRしましょう。

残念なのは、先に語った自己PRや職歴、長所などの繰り返しになっているものです。これでは面接官は「それは先ほど聞いたよね」という感想しか抱きません。

やはり、引き出しがたくさんある人の方が魅力的ですから、他のPRポイントを語るなどして魅力アップを図ってください。

1分なのにダラダラ2分以上話す、その逆に30秒で終わってしまうといったケースは、どちらも心証が良くありません。一般的に、1分で話せるボリュームは**300字前後**と言われています。これを目途に準備しておくべきです。

面接官は、応募書類や面接での他の質問によって、既に応募者の情報を得ていますから、ここはぜひ、新たな魅力を語りましょう。

人柄や仕事へのこだわり、応募企業への熱い思いでもいいでしょう。ここでの回答いかんで、低調だった評価を**逆転させることも可能**です。

たとえば こういう人の場合

（前項と同じ方）31歳男性、大卒。今まで2社とも法人営業職。今回は3社目の転職で、前職と同業種・同職種への応募。

NG!

「えっと、先ほど申したことの繰り返しになりますが、私の長所は〜」

⇨ ここで同じことをリピートするのは有効ではありません。

OK!

「せっかくですので、今までとは違う私のPRポイントをお伝えします。

私はこのように華奢な体つきをしておりますが、実は心身ともにタフです。学生時代、運動部や体育会で鳴らしたわけではありませんが、社会人になってからジョギングを始めて、今ではフルマラソンを完走するまでになりました。

また元々あまりクヨクヨと考え込まない性格で、嫌なことがあっても後に引きずったりしません。

この切り替えの早さは、誰にも負けない強みの一つです。

法人営業は何かとストレスが多い仕事ですが、これらの強みを活かして御社でも頑張っていきたいと思います」

⇨ 新しいPRを語っていますので、面接官も興味をそそられることでしょう。応募職種に活かせるものなので、評価アップにつながる可能性大です。

Question 14

仕事上の人間関係で、困ったことはありましたか？

面接官が知りたいのはココ!

困った経験がない人を求めているわけではないよ
人間関係に対する向き合い方を通じて、仕事への姿勢を感じたい

ここは「ある・ない」の2択なので、回答後に、背景や理由を述べる必要があります。

一見すると「ない」が正しいように思えますが、「ある」がダイレクトにマイナス評価につながるわけではないので、実直に話しましょう。

面接官はこの質問で、応募者が仕事や職場仲間、上司、後輩、取引先に対してどういった向き合い方をしてきたかを見たいと思っています。

たとえば、明らかにパワハラであると認められるものならともかく、上司も先輩も聖人君子ではありませんから、「上司が嫌な人だったので」「先輩が仕事を教えてくれない人だったので」といった幼稚な話は論外です。

また「周囲とすぐぶつかり、言い争いが絶えなかった」というのはさすがに問題ありでしょうが、真剣に仕事に向き合っていたら、人間関係の壁にぶつかることもあるでしょう。

そこを避けてきたのか、正面からぶつかったのか等のエピソードも、面接官はぜひ聞きたいと思っています。

たとえばこういう人の場合

26歳女性、大卒。今まで新卒入社した1社に勤務。今回は初めての転職で、同業種・同職種への応募。

NG!

「特にないです。私は課された仕事を淡々と自分のペースでこなすので～」

⇨ ないからといって、仕事に真剣に向き合っていないと取られる話ではいけません。

OK!

「一つあります。

前職時代、異動直後の会議で、リーダー格の先輩社員の発言に異を唱え、先輩社員だけでなく周りの方々ともギクシャクしてしまいました。

前の部署では、会議で自分の意見を発言できないとダメ出しされましたが、新しい部署はそうではなく、何事も事前に根回しが必要でした。そういった状況を知らず、新しく赴任してやる気満々だった私の勇み足になってしまいました。

そこでその先輩に、まず行きすぎた点を詫びた上で、仕事に対する自分の今までの考えを述べました。先輩も納得してくださり、わだかまりもとけて、前職を退職するまで大変懇意にさせて頂きました」

⇨ 「困ったこと」の事象、その要因や背景、そして自分のリカバリー策などが詳細に盛り込まれています。この流れであれば面接官も共感してくれるでしょう。

Question

15 今、自分なりに励んでいることはありますか？

仕事に関係のないことを長々と話さないでね
思いつきではなく、継続している努力について語ってほしい

日常での自身の取り組みを話すことになりますが、面接官は、テーマ選定と具体的な内容を把握したいと思っています。

たとえば英会話であれば、なぜ英会話なのかを、じっくり教えてほしいのです。

そしてその取り組み内容も大切です。１カ月前から始めたのと10年前から継続しているのでは、内容の深さが全然違ってきます。

思いつきレベルでは、むしろマイナスでしょう。

仕事に関係のない趣味の話に終始する方もいますが興ざめです。仕事そっちのけで趣味に走ることが懸念されると、マイナス評価間違いなしです。

ビジネス系の自己啓発テーマがないからといって、「ない」と答えるのは早計です。

週末のウォーキングなどの健康増進への取り組み、雑誌やネット、セミナー参加による業界やビジネスの情報収集なども立派な「励んでいること」になります。

「ない」と諦めず、日常の中から探してみてください。

たとえば こういう人の場合

25歳女性、大卒。新卒入社した会社に勤務中。今回は初めての転職で、前職とは違う異職種への応募（営業職から人事関連職へ）。

NG!

「秋の試験に向けて、ゴルフ検定の勉強に励んでいます」

⇨ 検定試験、資格試験は応募職種に役立つものでないと、アピールにはなりません。

OK!

「今、社会保険労務士の資格取得に向けて日々勉強しています。
というのも、私は現在ネット求人広告の営業ですが、今回の応募も含め、この先は人事関連職に就きたいと思っています。
しかし、今はまったく経験も知識もないため、キャリアチェンジするには、まず理論から身につけるべきと、昨年から勉強を始めました。
人材募集時に関係する職業安定法なども学んでいて、求人広告を出す際のルールにも一段と理解が深まり、今の広告営業でも非常に有効な知識だと実感しています。
理論と実践の両面からスキルアップできるよう、オフタイムをフル活用して本試験の合格を目指して勉強しています」

⇨ 資格取得というテーマは最もポピュラーですが、ここは応募企業の応募職の業務に直結する資格ですので、面接官もストレスなく聴き入れることができるでしょう。

Question
16

オフタイムの過ごし方を教えてください

応募者の日常や、意外な一面があれば知っておきたい
仕事に差し支えのない過ごし方かな？
ライフスタイルや信条は、当社とマッチするかな？

この質問により、応募者の意外な一面が見えてくることもあります。家族サービスに費やす、恋人と過ごすなどのアットホームなものから、スポーツや趣味への傾倒、資格取得といった自己啓発など、いろいろと想定されますが、ここは自分の現実の過ごし方をありのままに伝えてください。

やはり**オン・オフの切り替えは非常に大事ですので、ここは仕事に直結していないとNGということはありません。**応募者の違う面を見せる良いチャンスと捉えてください。

ただし、一点だけ面接官が懸念することがあります。オフタイムの**縛りが強すぎて、当社の業務に影響が出ないか**ということです。

たとえば、夜間大学院に通学中で、その勉強に余暇の大半を費やしている場合、修士論文前だと超多忙になり、仕事に支障が出かねません。

面接官にこうした点を憂慮させないフォローも必要になります。

たとえばこういう人の場合

24歳男性、大卒。今まで新卒入社した会社に勤務中。今回は初めての転職で、同業他社の営業職への応募。

NG!

「オフは司法試験の予備試験の勉強に充てています。〜」

⇨ 高難度の独立系資格の勉強は、応募企業勤務への本気度を疑われてしまいます。

OK!

「オフタイムはスポーツジムに通うようにしています。『社会人になると、大人の体育の時間が必要ですよ』、というジムのトレーナーの提言に共感し、必ず1週間に3日は体を鍛える時間を確保するようにしています。

学生時代、アメフトサークルに在籍していました。体重を増やすために制限を設けず食べていましたが、今では旺盛な食欲だけが残り、日常の運動量は学生時代と比べて遥かに減っています。

このままではメタボまっしぐらです。

ダイエット効果もありますが、ジムで心地よい汗をかくことは、ストレス発散にもなりますので一石二鳥と考えています」

⇨ 健康管理にもストレス発散にもメリットがあるジム通いは、多くのエグゼクティブ層も取り組んでいますし、仕事にも影響がないので、納得の回答と言えます。

Question
17 今、最も関心を持っていることは何ですか？

テーマ選定の背景を知りつつ、その探求心も計りたい（面接官が）関心を持てるテーマ、内容かな？

社会人として稚拙なもの、低俗なものでなければ、基本的に何でもかまいません。

現実的には、政治、経済、国際情勢、産業、芸術、スポーツ、地域、社会などいろいろな分野のテーマが許容されますが、これらの中からそのテーマを選んだ背景にあるものが何なのかが見られます。

そしてその選定を「なるほど」と思えるくらい、応募者の背景と自然につながっていて、ちゃんと納得させてくれることを期待しています。

また、どれくらい造詣があるのかを計り、**探究心**を感じたいと面接官は思っています。

よくあるのが、勢いでウケの良さそうなテーマを回答したものの、面接官が食いついて質問を重ねると答えられずフリーズしてしまうケースです。

関心事については深さも重要で、内容が面接官の関心を引くものならベストでしょう。

たとえばこういう人の場合

24歳女性、大卒。今まで新卒入社したＩＴ企業1社でＳＥとして勤務。今回は初めての転職で、前職と同業種、同職種への応募。

NG!

「アニメ『電光石火大作戦』の新作が、どういう展開になるのか、興味津々で〜」

⇨ 知識が豊富でも、ニッチすぎると面接官には全然伝わりません。

OK!

「私が今最も関心を持っているのは、ChatGPTの動向です。

先日、マイクロソフトがこの会話型ＡＩと既存の検索エンジンを融合させた新バージョンのリリース発表がありました。この融合により、この会話型ＡＩの代表格であるChatGPTが爆発的に普及すると予想しています。

これを受けてすぐに対抗策を打ったGoogleですが、Googleの寡占状態であった検索エンジン市場が大きく変わる可能性にも着目しています。

ただ、技術的に未熟な点も多く、ネットユーザーが実際にうまく活用できるかどうかはこれからです。

今後もこの推移を注目していきたいと思っています」

⇨ 業界にマッチしたテーマ選定であり、その背景や考察等をうまく伝えています。ＩＴ業界関係者はトレンド好きですから、面接官も関心を持つことでしょう。

Question
18 ストレス耐性について、どう自覚されていますか？

ストレスに強いことをPRしてほしいわけではない
実直に話してもらった上で、仕事に影響がないことを感じたい

ストレス社会の今、面接官はその耐性を見極めたいと思っています。

日本では解雇は簡単にできないため、当社の業務に耐えられないようなストレス耐性の弱い応募者は早めに選考外としたいのが本音です。

しかし、このように直に聞いても、「私は非常にストレスに弱く、精神疾患を患っています」と事実を暴露する方はまず皆無でしょう。

実際、「私はストレスに強い」とPRする方が多いのが実情です。

しかし、自己申告ではいかようにも言えますので、信憑性が問われます。

面接官には決してそう見えないのに、本人はさもストレス耐性があるように言う場合、このギャップは一体どこから生まれているのか、面接官の単なる勘違い・思い込みなのか、それとも応募者のブラフなのか、根本を押さえないと真実を見誤る可能性がありますから、面接官は厳しく見てきます。

そして、現状の印象とのギャップが大きすぎると、背伸びしすぎて無理していると見なされますので、**実直な対応が必要**になるのです。

たとえばこういう人の場合

29歳女性、大卒。これまで2社で流通業での店舗販売職に従事。今回は3社目の転職で、前職と同じ店長職への応募。

NG!

「私は今まで一度もストレスを感じたことはありません。～」

（気温の）暑い、寒いでもストレスを感じるのが人間ですので、回答に無理があります。

OK!

「正直申し上げて、ストレス耐性はそんなに強い方ではないと自覚しています。ですので余計に、普段からストレス・コントロールに力を入れるようにしています。ストレスに対する感受性は早々に変えられませんから、そのストレスを解消する方法を自分なりに実践しています。

平日であれば長めの入浴を楽しみ、早めに寝て睡眠をしっかりとることで解消するようにしています。また、週末には友人と作ったダンスチームで体を動かして、一週間に溜まった心の疲れを開放しています。

やはり、心身ともに健やかでないと良い仕事はできませんから、今後も両面がくたびれないように気をつけていきたいと思います」

背伸びせずに実直に自分の耐性を語った後に、その取り組みを具体的に語ることで、非常に納得性の高い回答になっており、働く上で問題のないことを確信させます。

Question
19

大病を患った経験や持病などはありますか?

面接官が知りたいのはココ!

当社で働く上で問題はないかな?
過去の克服経験、現在の向き合い方からメンタリティをチェックしたい

業務遂行上、何らかの問題があるとなると、選考でマイナスに働く危険性が高いのは事実です。

しかし、それを避けるために嘘をついたり事実を隠すのは絶対にＮＧです。

たとえば、幼少期に大病を患ったとしてもずいぶん昔の話で、今は勤務に何ら問題がないならシンプルにそのまま伝えればいいだけの話です。

現在何らかの健康上の問題があったとしても、仔細なもの（少し血圧が高い、糖尿の傾向がある等）であれば、許容範囲でしょう。

逆にＮＧ例のように、逆質問をするなどして話をそらそうとすると怪しまれます。

要は面接官は、「健康面は、働く上で何ら問題がない」と**確認できればいい**のです。

また、疾患に**どう立ち向かってきたか**も知りたいところです。

若手であっても、一度や二度入院経験があるのは不思議なことではありません。そうした辛い経験を乗り越えたメンタリティやバイタリティも、面接官は感じさせてほしいと思っています。

たとえばこういう人の場合

26歳女性、大卒。今まで新卒入社した会社で勤務。今回は2社目の転職で、同業種・同職種への応募。

NG!

「これってプライバシーの侵害になりませんか？」

⇨ 話題をそらすような逆質問をすると、「裏に何かあるのでは？」と勘繰られてしまいます。

OK!

「実は大学4年のときに自転車に乗っていて、交差点で自動車に巻き込まれた事故を経験しています。

大腿骨を骨折する大事故で1カ月ほど入院しておりました。

退院後も厳しいリハビリが必要で、固定したボルトを抜くのも激痛だったのですが、早く復帰したい一心で、1年かかると言われましたが、半年で何とか日常生活に問題がない状態まで戻せました。今も若干後遺症が残っており全力疾走はできませんが、ジョギングくらいは問題なくできますので、通勤や勤務には何ら支障ありません。

この1カ月の入院生活は本当に辛かったです。ただ、これを経験したからこそ自分の足で歩ける喜びを認識できたと思っています」

⇨ 自らの傷病をはっきり話しながらも、後遺症があっても仕事に支障がないこと、さらに入院生活から得たことを伝えることで、面接官の好感度が上がるでしょう。

Question
20

あなたにとって仕事とは何ですか？

面接官が知りたいのはココ!

仕事観を通じて、向上心や将来性を感じたい
夢物語やプロ意識に欠ける話は聞きたくないよ

非常に漠然とした抽象的な質問ですが、ここは自身の仕事観をしっかり伝えないとNGです。

先行き不透明な今の時代の若手ゆえ「生活のため」という現実的な回答が多いのも理解できます。

しかし、後述のNG例のように、それだけでは不十分です。若いのですから、**向上心や将来性**を感じられる回答を期待されていると考えてください。

その一方で、あまりに認識が甘くて空虚な話では幻滅されます。

たとえば、「仕事は楽しくやるもの、面白くなければ仕事ではない」「私の自己実現を達成できるのは仕事、仕事は私のすべて」と、甘い認識や理想に偏りすぎていると、現実を直視できていないのではと勘繰られてしまいます。

また、仕事を軽く見るような舐めた発言をすると秒殺です。皆一生懸命働いていることを面接官は痛感しているため、「仕事を舐めるな！」と不興を買うでしょう。

若さゆえに、つい勢いで話してしまう傾向がある人もいますが、絶対にやめておきましょう。

たとえばこういう人の場合

25歳女性、大卒。今まで新卒後に入社した会社で勤務。今回は2社目の転職で、前職と異業種・同職種への応募。

NG!

「仕事はあくまで生活のためです。それ以上でも以下でもありません」

⇨ あまりにシリアスすぎると、面接官は興ざめしてしまいます。

OK!

「私は、仕事を2階建て住宅のように考えています。

1階が生活の手段であり、2階がやりがいということです。まず1階ですが、経済的安定がないと、どうしようもありません。特にコロナ禍以降の不透明さが続く今、生活を第一に考える必要があると思います。

次に2階ですが、『仕事だけが人生ではない』とよく言われますが、人生の大半を仕事に費やすのも事実です。だから私は、どんな仕事にもやりがいを見出して頑張っていきたいと思っています。この先まだ40年以上働くと思いますが、いつかリタイアして自分の人生を振り返ったときに、職業人として何らかの功績を残すことができたと満足感を得られればいいなと思っています」

⇨ 仕事観を住宅に例えながら、現実的な話と将来性のある話の両方を織り交ぜて話しており納得性が高いです。引退後の微笑ましい話も面接官にも響くでしょう。

Question
21 仕事上のモットーや信念があれば教えてください

受け身一辺倒の姿勢や、強いこだわりの人はいらないよ
応募者の考えと当社の社風は合うかな?

若いとはいえ社会人経験があるので、何かしら仕事上のモットーや信念があると思います。たとえば、まだ新卒ホヤホヤなら「何事も自己判断しないで上司の判断を仰ぐ」、「日頃からホウレンソウを徹底する」、「必ず事前にアポを取り付けてから訪問する」といった具体的な話は典型例ですし、こういった分かりやすいものであれば面接官も納得です。

しかし「私はこうでないとダメだ」「こういったやり方が正しいんだ」といったこだわりが強すぎると、若手といえども悪印象です。

変化のスピードが速い現代は、老若男女を問わず柔軟性や適応性が必要です。**偏屈なこだわり**は、業務遂行上マイナスにしか働きません。激変する情勢に対応できない社員に一番苦心しているのが人事部なのです。

また、面接官が応募者の思いに納得できたとしても、「それは当社ではうまく噛み合わないだろうな」と判断する場合もありますので、注意が必要です。

たとえば こういう人の場合

29歳女性、大卒。今まで2社で個人客向け営業職として勤務。今回は3社目の転職で、前職と同業種・同職種への応募。

NG!

「私は指示に従ってやってきただけですので、特に何も思いつきません。～」

⇨ 指示待ち人間的な回答はNGです。

OK!

「できるだけ本音や真実を伝えるということをモットーに、営業の仕事をしています。営業の現場は、なるべく安く買いたいお客様とその逆の営業とのせめぎ合いです。しかし単なる価格競争に陥ってしまっては、営業担当の存在意義が問われかねません。そこで私は、お客様にとってのメリット・デメリット、我々にとってのそれらを実直に伝えるやり方を実行してきました。

ネットで簡単に情報が得られる今、不都合を隠してもすぐに見破られてしまいます。確かに、すべてがきれいごとではすまないこともあり、『嘘も方便』的な行動を取らざるを得ない場合もありますが、後々の信頼関係を考えると、今のモットーが最善であると信じています」

⇨ 営業という駆け引きがある世界で、信頼関係を重視する実直さを感じ取ることができます。一方で「嘘も方便」という現実に触れることで、納得感も高くなっています。

Question
22
仕事上で失敗された経験があれば教えてください

失敗から何を学んだのか、どう乗り越えたのか？
間接的にでも、応募者のパーソナリティを見極めたい
洒落にならないレベルの失敗談を聞かされても困る

仕事をしている以上、失敗はつきものです。

特に若手は経験やスキルが少ないため、失敗することが多いのは面接官も認識しています。

だから面接官にとっては、失敗の詳細よりも「失敗から一体何を学んだのか」が一番知りたいポイントです。

これに加えて、その失敗にどう対処したのか、どう乗り越えたのかも知りたいのです。

だから単に失敗の**事実を語るだけではNG**。

実はこの失敗のエピソードやその捉え方で、短所や長所を問うよりも、**より具体的な応募者の人となりが見えてくる**ものなのです。

また、たまに洒落にならない、笑えないレベルの、つまりリカバリー不能の失敗（会社に多額の損害を与えてしまった、大口顧客をなくしてしまった、大事件になってしまった等）を語る方がいますが、どんなに素晴らしい経歴をお持ちでも先々が怖くて採用できませんので、注意してください。

たとえばこういう人の場合

26歳男性、大卒。今まで新卒入社した会社でOA機器の販売営業職として勤務。今回は2社目の転職で、前職と同じ営業職に応募。

NG!

「正直、失敗と呼べるほどの失敗はしたことがないです」

⇨ マイナス印象を恐れて、「失敗はない」と言うと、怪しまれます。

OK!

「前職での営業で、本社一括購買の大口商談を頂き、10店舗で導入を検討するという話になりました。

そこで、今後の取引も期待して大幅値引きの見積もりを提出したのですが、割引率に誤りがありました。気づいたときには客先で決裁が下りた後でしたので、採算割れで納品せざるを得なくなりまして。当時は私だけでなく上司も引責で賞与減額となり、こうした失敗が関係する方々に多大な迷惑をかけることを痛感し猛省しました。

その後、見積もり提出前には必ず3度のチェックを徹底し、以後このような失敗がないように気を引き締めています」

⇨ 失敗を真摯に反省し、次につなげている点から、応募者の真剣さや一生懸命さが伝わってきます。また、再発を防止する具体的な取り組みも伝えることにより、応募企業も営業職として招き入れやすくなるでしょう。

Question
23 仕事上で成功した体験があれば教えてください

面接官が知りたいのはココ!

若手の「大成功を収めた」は疑わしい
「自分一人の手柄」と過信（勘違い）してないか？
成功に至るまでの取り組み、努力を知りたい

前項の失敗と真逆ですが、経験が乏しい若手ですから、語るほどの「成功」を持っていない人が大半です。

しかし、面接官はこの実態をちゃんと認識していますので、ここは経験の中から**等身大の成功体験を語れば大丈夫です。**

逆に、あまりにも実態と乖離した大成功を収めた話になると、面接官は間違いなく首を傾げるでしょう。

面接官は、その「成功」を自分だけの力と過信していないか、天狗になっていないかも厳しくチェックしたいと思っています。成功には必ず何らかの要因があるでしょうから、応募者自身がどのように努力を積み重ねてきたのか、成功をどう捉えているのかも知りたいポイントの一つです。

なお、たまたまバットを振ったらホームランになったような成功話よりも、地味でもコツコツと継続して結果を出している成功話を選んだ方が、面接官のウケは良いでしょう。

たとえばこういう人の場合

28歳男性、大卒。今まで1社で不動産販売職として勤務。今回は2社目の転職で、前職と同業種・同職種への応募。

NG!

「実は、前職の第一営業部の大半の数字を作ってきたのは、この私です。～」

⇨ たとえ事実でも、鼻につく自慢話に終始するのはNGです。

OK!

「MVPとか社長賞とか、そういった誇るべき輝かしい実績はありませんが、この5年間、目標数字を100％達成していることが私の成功体験です。

この背景として、先輩や上司に教えてもらったことを実直に実行し継続したことがあります。

『やみくもに見込み客を探すのではなく、お客様に次を紹介してもらうように』という指導内容を最優先に考え、自分なりに工夫して地道に営業した結果、お客様がお客様をご紹介下さる好循環になりました。

このような実績が残せるようになったのも、上司や先輩の助言、そしてご紹介者の方々のおかげだと考えています」

⇨ 成功の要因を素直な気持ちで語ることで、思い上がりや過信が鼻につくことはありません。地味ですが地道に継続した努力は、面接官の心にも響くことでしょう。

Question

24 周りから、どのような人だと言われますか？

「こんなに良く見られてます！」に終始するのは論外
他者評価をどのように受け止めている？

一般的に長所や短所、自己ＰＲなどは自己評価で回答するのに対して、これは周りの目線・評価なので、正直に答えざるを得ないため、応募者の本質を見極めることができます。

ここは「自己ＰＲと他者評価がマッチしている」、「他者評価が更に応募者の魅力を向上させる」、「他者評価がネガティブである」の３つのパターンに分類して考えます。

一つ目は応募者が展開してきたＰＲに一貫性があることになりますし、二つ目も他者評価がプラスに働くので、基本的に率直に語れば良いでしょう。

ただ、両方とも良いこと尽くしでバランスを欠き、**自己顕示欲が強すぎると懸念される**ので気をつけましょう。

最後のパターンですが、先に自らがＰＲしていることと比較しながら、周りのネガティブな指摘をどう受け止め、どのように自覚しているのかを丁寧に説明できるかがポイントです。

たとえばこういう人の場合

25歳女性、大卒。今まで新卒入社した会社で産業機器の営業職として勤務。今回は2社目の転職で、前職と同業種・同職種への応募。

NG!

「よく友人から『あなたには絶対にかなわない』と言われます」

⇨ 単なる自画自賛だと思われそうな内容は避けてください。

OK!

「『石橋を叩いて渡る慎重な人』と言われます。
何事においても、無計画に取り組むことができません。まず自分なりにしっかりと計画を立てた上で、どうやったら効率的に早くゴールできるかを考えてから動きます。
周りもまだ若いので、勢いやノリでやってみるということがあるのですが、そういった雰囲気に流されずに、どちらかというと我が道を行くタイプです。
付き合いが悪いと言われることもありますが、一方で先ほど申した少々のことでは動じない冷静沈着さもありますので、周りから助言を求められたり相談されたりと、皆から頼りにされていると思っています」

⇨ 自己分析の「冷静沈着さ」と他者評価である「慎重さ」の両面について、客観的にそれらのメリット・デメリットを分析しているので、説得力が増しています。

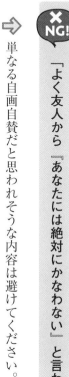

Question
25
（前項の回答について）それをどう捉えていますか？

自己分析と他者評価に乖離があるなら、説明してほしい
等身大の応募者を把握したいので、背伸びやごまかしはいらない

先ほどの回答へのツッコミになります。自己分析と他者評価が一致している場合は、「私もその通りだと思っています」と、肯定的に回答すればＯＫです。

問題は、両者に乖離がある場合。

自己ＰＲ等で嘘を言っているつもりはなくても、矛盾が生じてしまうことがあります。無理やり両者を合わせようと嘘をつく必要はありません。ギャップの要因は一体なのかを、面接官はしっかりと確認したいと思っています。

本来、自分のことを伝える際は良いことしか言わないでしょうが、他者評価でネガティブな指摘があった場合、その受け止め方や、自分をどう見ているのかといった応募者なりの考察と、それらを踏まえて今後どうして行きたいのかといった前向きさ・ひたむきさを感じたいと面接官は思っています。

そのため、**両者は違っていてかまいません。**

面接官は等身大の応募者の姿を見極めたいので、角度を変えて質問しているわけです。

たとえばこういう人の場合

27歳男性、大卒。今まで新卒入社した会社で経理職として勤務。今回は2社目の転職で、前職と同業種・同職種への応募。

NG!

「私の認識とは違いますが、そうした面も私の本質だと前向きに捉えています」

⇨ 乖離の要因を、丁寧に説明する必要があります。

OK!

「先ほど申した通り、私は何事にもあまり動じずに冷静沈着なところが長所だと考えていまして、普段は口数も少なく物静かです。

しかし一方で、自分の主義主張を簡単には譲らないところがありました。そのため周りからは『頑固で自己主張が強い』と指摘されたことがあります。

確かに今までは若気の至りで我を通すばかりでしたが、社会人6年目になり、仕事にも慣れ、最近は自分の気持ちを抑えて冷静に物事を見られるようになってきたと思っています。

またこうした指摘をして下さる方々も、自分を見つめ直すきっかけを下さる非常に貴重な存在と前向きに捉えられるようになりました」

⇨ 周りのネガティブな指摘に対して、応募者自身の認識や考えの変遷を飾らず丁寧に説明できています。前向きさについても、面接官は好印象を抱くことでしょう。

Question 26

じっくり考えてから行動するか、即行動に移すか、どちらのタイプですか？

面接官が知りたいのはココ!

当社が求める人物像をちゃんと理解している？
本当にそのタイプかな？

そもそも応募段階で、企業の雰囲気や職種、業務内容などを見て、自分に合うかどうかを見極めているはずです。企業が求める人物像や企業が欲しがっていると想定できる人物像に応募者自身がマッチしていないと、応募なんてしないでしょう。

だからここでは、「当社の応募職種で必要とされるタイプを理解しているか？」がポイントになります。

本来、人間はＴＰＯに合わせてこの2つを使い分けているはずです。応募企業で求められている（であろう）タイプをきちんと選択し、それを**裏付けるエピソード**を語って面接官を納得させれば良いのです。

なお、仮に「見た目や今までの語り口調はどう見てもじっくりタイプだが、実は即行動タイプ」を選択した場合、面接官は「話を合わせているのでは？」と勘繰ります。

したがって、それを裏付けるエピソードは、大変重要になってきます。

たとえばこういう人の場合

31歳女性、大卒。今まで2社ともFC本部でのSV職として勤務。今回は3社目の転職で、ベンチャー企業の同職種への応募。

NG!

「(求める人物像に「フットワークの軽い人」とあるのに)「私はじっくり考えてから行動するタイプです。事前に計画を立て綿密に取り組むのが得意で〜」

⇨ 逆のタイプなら、ありのままではなく「マッチしていること」をPRしましょう。

OK!

「私は仕事上では即行動に移すタイプです。元々の性格は逆ですが、社会人になってからは正反対のスタンスを心がけています。熟考する時間が長くても、成果にはあまり関係がないことを体感してきたからです。

昨年、私の担当店舗の総菜を食べたら具合が悪くなったとの苦情があり、事実確認の前にすぐさまお客様にお詫びに伺いました。

その後の原因究明で当社に非はなかったのですが、この対応によりお客様もより一層うちのファンになって下さいました。もちろん勇み足にならないよう状況はきちんと把握しますが、まずは行動を心がけております」

⇨ 実際の性格は逆でも、こうした仕事上のエピソードで補完すれば、面接官に「マッチしていること」が伝わってOK回答となります。

Question

27 集団の中で、どういったポジションをとりますか？

面接官が知りたいのはココ!

リーダー的役割を担う人ばかりを求めているわけではない
今回の当社の募集にマッチしているのかな？

就活の影響からか「リーダーだと高評価される」と誤解されていますが、縁の下の力持ちでも参謀役でも裏方でもかまいません。

確かにリーダーシップを発揮できる人材は重宝されますが、しょせん自己申告レベルですから、自分を客観視して、面接官が納得できるポジションを伝えてください。

組織から任命されたものだけではなくインフォーマルなものも含めて、集団での立ち位置を聞き出すことで、**本来の応募者の姿を確認できる**と面接官は考えているのです。

また、面接官は具体的な配属先を意識して採用活動を行いますから、面接シーンでは、「あの部署で、あの課長の下ならうまくやれそうだ」とか「あの部署では彼がいるからポジションがバッティングする」などのシミュレーションをしています。

つまりこの質問で面接官は、応募職種の組織で応募者が働く**具体的なイメージ**を抱かせてくれることを期待しているのです。

たとえばこういう人の場合

27歳男性、大卒。今まで新卒入社した会社に1年勤務。今回は2社目の転職で、前職とは異業種・異職種への応募。

NG!

「リーダー的役割を担うことが多いです。学生時代、仲間と一緒にフットサルチームを創って、対外試合の窓口も担当していました」

⇨ 裏付けのエピソードが古すぎて、説得力がありません。

OK!

「私は今まで集団の中で上をサポートする役割を務めることが多く、こうしたポジションこそ自分の力を最大限に発揮できると思っています。

前職では主任として、管理職である課長と、パート、アルバイトといった現場スタッフの間を取り持つポジションを担っておりました。

双方との意思疎通をしっかり図りながら、課長の会議出席時には、現場の動向や現状を報告するなど、課長のマネジメント業務もサポートしておりました。

実は中高大と部活やサークルの主務を任された経験があり、こうした経験も現在の仕事上の役回り、立ち位置につながっていると考えています」

⇨ 仕事上の実体験を交えて話すことで、分かりやすく説得性のある説明に仕上がっています。こうした流れなら、学生時代の話を持ち出すのもありでしょう。

Question
28
苦手な方、合わない方と、どのように接していますか？

「逃げる」、「避ける」は論外だよ
その取り組みや心構えから、プロ意識を感じさせてほしい

人間である以上、どんな場所においても、「（自分と）合わない人」、「いけ好かない人」は必ずいるものです。

しかしプライベートならいざ知らず、仕事となると別で、職場や取引先にそういった方がいても「苦手」、「合わない」、「嫌い」ではすまされないのは、お分かりでしょう。

面接官は、（苦手な相手に対して）「決して逃げない」、「避けない」といった確固たる腹の括り方や、しっかりした覚悟を聞かせてもらいたいと思っています。

特に今の若手は内向的、草食系という言葉で揶揄されるように、このような**精神的なタフさが不足しているのではないかと勘ぐって見ていますので、ぜひこの点は留意して回答して下さい。**

さらに、応募者自身が社会人として具体的にどう対処しているか、どのような姿勢や心持ちで臨んでいるか、そうした面も知っておきたいのです。

その中で、**感情の浮き沈みにパフォーマンスを影響されない、プロ意識の高さ**を感じたいと思っているのです。

たとえばこういう人の場合

29歳女性、大卒。今まで2社に勤務。今回は3社目の転職で、前職とは異業種・異職種への応募。

NG!

「積極的に関わらないようにします。ストレスになりますから」

⇨ 交流機会を減らすと、かえって問題が大きくなる可能性があります。

OK!

「そうした方でも、自分から積極的に挨拶したり話しかけて、相手の懐に飛び込むようにしています。

『他人は自分を映す鏡』と言いますが、自分が相手にしっかり向き合わずにいると、私も相手からそのようにされた苦い経験があります。

だからまずこちらから胸襟を開いて、相手に真摯に接することが大事だと思っています。プライベートでしたら好き嫌いで判断しても良いかもしれませんが、仕事では通用しないと考えています。

私はプロフェッショナルとして仕事をしていきたいと思っています」

⇨ 自らの行動内容や格言を用いて自分の姿勢を語ることで、逃げない覚悟を感じることができます。最後にプロ意識の高さが垣間見れて、面接官も評価できるでしょう。

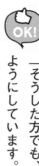

Question
29

上司と意見がぶつかったら、どうしますか？

受け入れるのが鉄則だが、イエスマンも困るよ
角を立てずに上司を説得した経験があるなら、ぜひ聞かせてほしい

若手ですから指示を出すよりも、受ける方が圧倒的に多いはずです。

会社で働く以上、会社の秩序、ルールを忠実に守らなければなりませんから、上司と意見が合わなかったとしても、まずは不平・不満をこぼさず、きちんと受け入れなければなりません。

つまり、上司の意見を素直に**受け入れられる姿勢があるか**を、まず把握したいと面接官は思っています。

しかし、だからと言って、「何でも言うことを聞くイエスマン」を若手に求めているわけではありません。

自ら何も考えようとしない社員は要らないし、これでは会社も発展しません。業務経験豊かな上司にも、習得していない方法論や考え方が何かしらあるはずです。

だからこそ、自分の主張や意見を、相反する上司にどのように認めさせていけばいいのか、その交渉術や成功体験があるなら、ぜひ聞かせてほしいと思っています。

たとえばこういう人の場合

26歳男性、大卒。今まで新卒入社した会社に勤務。今回は2社目の転職で、前職とは異業種・異職種への応募。

NG!

「私が間違っていないなら、まず自分の意見をはっきり伝えますね」

⇨ 端的に言い切って終わりではなく、ぜひその交渉術を展開するようにしてください。

OK!

「そうした場合でも、まずは上司の意見を聞いて、その主旨を理解することに集中したいと思っています。そうすれば、表面上は相反しているように見えても、実は根底は同じだったり、違いは些細だといった部分が明らかになることもあると思います。それでもダメなら、私との違いを誠実にお伝えしたいと思います。後でグチるのではなく、同じ組織の一員として正々堂々と伝えることの方が大切だと考えます。

前職でも同様のことがありましたが、私なりの提案をし、その後周りの賛同も得ながら、資料を見せるなどして地道に交渉しました。

その結果、上司が『君がそこまで真剣なら』と、私の提案を一部取り入れて下さいました」

⇨ 上司の意見を受け入れる姿勢があるとともに、自分の意見をきちんと伝えることの大切さも感じられます。上司と交渉した経験も具体的で、面接官も納得でしょう。

Question
30
自分の意思や価値観にそぐわない指示をされたら？

従順さと自己主張の強さのバランスを見極めたい
仮説から回答を展開する想像力・構成力はある？

もちろん、コンプライアンス違反の命令を従順に受け入れる「イエスマン」は求めていません。

一方、自己主張が強すぎて業務に支障が出るのも困ります。

要はバランスです。

いずれにせよ、なぜその対応になるのか、具体的エピソードを交えて分かりやすく説明してもらい、当社で働く上で問題がないかを見極めたいと、面接官は思っています。

また、仮説を立てて、こういうケースではこう対応するといった組み立ても必要になってきます。

「緊急を要するケースなら、つべこべ言わず受け入れるが、自分の意見を反映してもらえるような雰囲気であれば、そのまま従わずに上司に提案してみる」といった具合です。

このような**条件分岐や、仮説を展開する想像力や構成力**も、見極めたいのです。

たとえばこういう人の場合

28歳女性、大卒。今まで新卒入社した会社に勤務。今回は2社目の転職で、同業種・同職種への応募。

NG!

「勤め人である以上、業務命令は絶対ですから、自分の意思に関係なく従います」

⇨ これでは単なるイエスマンといった印象しか残りません。

OK!

「2つにパターン分けして考えます。まずは組織の一員として、私見をはさむ余地がない指揮命令であれば、きちんと従います。
逆に、提言できる状況なら、命令系統に向き合った上で従うようにします。
前職では2年前に社員の反対を押し切ってノルマ制が導入され、納得しない社員は辞めました。売上増が本来の目的なのに、戦力である社員を辞めさせるのは本意ではないはずと考え、上司に冷静に掛け合って一部を改良して頂いた経験があります。
素直さも大切ですが、声を上げることも必要と実感した次第です。
今後も状況を判断して行動していきたいと思います」

⇨ 最終的には従うという結論でも、プロセスを構成立てて説明できています。前職の実体験を語ることにより、応募企業での活躍も期待されることでしょう。

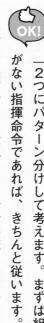

Question

31

会社から正当な評価をされていないと感じたら？

短絡的で感情的な言動・行動をとるのは論外
入社後、定着して勤務できる人か？

ベテラン社員なら、長い勤務生活の経験から、そもそも完璧で正当な評価など存在しない現実を承知しています。

しかし若手は別。「こんなに結果を出してるのに、なぜ会社は評価しないのか」と噛みつくことがあります。

短絡的な行為は、もちろんＮＧ。長期的視野を持って見通しを語ることで、**未熟さや青臭さを感じさせないように**して下さい。

また、入社後に、同期入社とのわずかな差を不満として退職するケースは少なくありません。

若手を採用するのは、（即戦力というよりも）ポテンシャル採用のウェイトが強く、会社とともに成長してほしいと面接官は期待しています。だから簡単に辞めてしまうのは、面接官が最も嫌うことなのです。

「自己評価と少々差があっても、**すぐ辞めたりせず長期間安定して勤務できるか？**」という点を確認したいのです。

たとえば こういう人の場合

27歳女性、大卒。今まで新卒入社した会社に勤務。今回は2社目の転職で、同業界の同じ営業職へ応募。

NG!

「そうした会社で働くのが良いのか、よく考えて結論を出したいと思います」

⇨ 「簡単に退職しそうな人だ」と思わせるようでは「短絡的」「感情的」と秒殺されます。

OK!

「自分は充分やったと思っていても、他にもっと頑張っている方もいるでしょうし、いろいろな評価要素もあるでしょうから、そのまま受け入れるべきと考えます。この先、数年、数十年と働いていく中で、短期的には自己評価と差がある評価が出てくることもあるでしょうが、長期的なスパンで考えれば、必ずどこかで誰かが見ていて下さると思います。

成果を出し続ければ、正当な評価につながっていくと信じたいです。

今は周りの目よりも、まずは自分の仕事をしっかりやり、成果を出すことに尽きると思っています」

⇨ 会社の評価の事情や、短期と長期の話を切り離して伝えるなど、大人の対応ができています。最後に今やるべきことを伝えていますので、好印象でしょう。

Question
32

壁にぶつかったことはありますか？どう乗り越えましたか？

克服の経験を語らないのは論外
努力から得た経験、糧が当社の仕事で役立つかな？

「ありません」が論外なのはお分かりでしょう。生きている以上、何かしら障壁にぶつかり克服した経験は必ずあるはずです。

ドラマや小説のような、派手な苦難を語る必要はありません。実は**面接官にとっては、壁の内容や大きさはあまり関係がありません。**

克服のための取り組みや努力の積み重ねについて、具体的に話せればよいのです。

困難を乗り越えた経験やそこから得た糧が、現在の働きぶりにどう影響しているか？

それが当社の応募職種にどう活きるか？

――これが面接官の最も知りたいポイントです。

「壁」のテーマ選択は、必ずしも仕事上のことである必要はありませんが、仕事でのエピソードの方が前述の「最も知りたいポイント」に話を持って行きやすいでしょう。

なお、古い話は説得力に乏しいので、**3年から5年以内**の話をお勧めします。

たとえばこういう人の場合

26歳男性、大卒。今まで新卒入社した会社に勤務。
今回は2社目の転職で、同業界の同じ営業職へ応募。

NG!

「私にとっては、大学受験が一番の壁でした。うちは裕福ではなかったので〜」

⇨ 大学受験では古すぎます。仕事上の話をテーマにした方が、訴求力が上がります。

OK!

「入社2年目、成績不振で退職せざるを得ない状況に追い込まれたことです。
周りが着実に数字を伸ばす中、私は全然ダメで、この仕事に向いていないと思いつめ、短期退職では転職も難しいという不安にも襲われました。
しかしこのままでは前に進めないので、あと半年だけ死ぬ気で頑張ると決心し、訪問件数、テレアポも同僚の2倍、毎日100件を目標に種播きをしました。
もちろんすぐには数字にならず本当に辛かったです。
しかし1カ月たった頃から、徐々に商談が増えてきました。
今まで量が足りなかったと反省し、その後は量をこなすことで何とか目標数字をクリアできるようになりました」

⇨ 仕事で壁にぶつかり、どう乗り越えたかが、具体的に分かりやすく伝わってきます。現職で得た糧が当社の営業職でも活きるだろうと、期待させます。

Question 33

今回の転職に際し、ご家族や周りの方の理解は得ていますか？

面接官が知りたいのはココ!

入社直前の辞退は、絶対に避けたい！
事前に関係者の了承を得ておく「根回し力」はある？

得ているか、得ていないか、の二択です。前者であればＯＫですが、問題は後者。せっかく入社まで辿り着いたのに、周りからの反対でひっくり返るという**最悪の事態**を、面接官は何度も経験しています。これを未然に防ぎたい。

だから後者の場合、たとえば「まだ話していませんが、妻はいつも『やりたい仕事をやるのが一番だよ』と、背中を押してくれます」といった回答が求められます。

次に「仕事を円滑に進めていく上で必要な**根回し力**があるかをチェックしたい」という意図も含まれています。今の若手はデジタル・ネイティブ世代ですから、リアルなコミュニケーション力が乏しい方が多く、家族（妻や夫、親）にも「切り出しにくいな」と、何も伝えていないことがあります。

この程度の根回しもできないようでは仕事に支障が出る危険性がありますので、この力の有無もきちんと確認したいと、面接官は思っています。

たとえばこういう人の場合

32歳男性、大卒。今まで3社で勤務。今年で社会人経験8年目。今回は4社目の転職で、異職種（技術職）へのチャレンジ。

NG!

「もういい大人ですし、別にそういった理解を得る必要はないかと」

⇨ 正論ですが、覆る可能性は排除できないので、ズレた回答になっています。

OK!

「結婚して3年目になるのですが、前々から妻にはこの件をきちんと伝えてあります。

当初妻は生活のことを考えて、どちらかというと反対でした。ただ、職人になりたいという長年の夢があることを結婚前から知っていましたので、現在は承諾してくれています。

この転職により全く未経験からのスタートになりますので、給料が下がるのは覚悟していますし、妻も子供やマイホームを持つのは先にしようと言ってくれています。

このような家族の応援に応えられるように、御社に入社できましたら、がむしゃらに頑張る決意です」

⇨ きちんとキーパーソンに根回しをしてあることが分かります。また最後の決意表明から入社後の頑張りも期待できますので、面接官も安心して内定を出せるでしょう。

Question
34
在職中とのことですが、本日の面接の時間はどのように確保しましたか?

面接官が知りたいのはココ!

現職に配慮が足りない自分勝手な人は信用できない
用意周到さをチェックしたい

在職中の転職活動者にとって、これは頻出の質問です。さすがに「仕事を中抜けして来ました」といった回答をする人はいないでしょうが、これは秒殺されますのでご注意ください。「勤務中だけど適当に理由をつけて来た」と言う人も見受けられますが、当然のことながら、「社会人、職業人としての自覚がない、いい加減な人」と見なされて終わりです。

こういった「仕事をサボる」といった行動は、悪気なくやっている人が多いのです。その場合、無意識のうちに普段の行動にも出がちです。そのため面接官は、特に厳格にチェックしたいのです。

逆に、面接日を指定されてから有休を取得するなど、筋を通して面接スケジュールを調整して来たのであれば、好感度はアップします。

逆に言えば、この程度の「用意周到さ」も持ち合わせていない人が、新しい職場で戦力になってくれるとは面接官も思ってはいないということです。

たとえばこういう人の場合

26歳女性、大卒。今まで2社に勤務。一貫して外回りの営業職。今回は3社目の転職で、同業種・同職種への応募。

NG!

「仕事途中にこちらに寄りました。会社には顧客A社の訪問と言ってあります」

⇨ 事実でも「中抜け」はNG。要領の良さや臨機応変さのアピールには、間違ってもなりません。会社に嘘の報告もよろしくありません。

OK!

「本日の面接は午後2時30分スタートでしたので、午前中は出社し午後半休を取得して参りました。

面接スケジュール案を頂いたのが1週間前でしたので、翌日会社に申請して今日の午後半休を前提に仕事を進めました。

納品や見積もり提出も今日を外して、明日以降で調整済みで、業務上支障は出ないように、万全を期して臨んだ次第です。

この面接終了後には、会社に私あての電話等がないか確認し、もし緊急の業務があれば、帰社して業務に戻ります」

⇨ 面接のために休みを取る用意周到さ、綿密さがちゃんと伝わってきます。このように丁寧に説明しておけば、入社後も安心して仕事を任せられる人と見てもらえるでしょう。

Column 05

ツッコまれて撃沈……どう挽回？

しっかり準備をしたにもかかわらず、本書に掲載されていない質問が出題されたり、さらなる追及を受けたりして、やはりこういったシーンに陥ってしまうというケースもあります。

こうしたときの挽回方法は、たった一つ。最後の質疑応答の時間を活用して、うまく答えられなかった点をフォローするのです。たとえば、

「質問ではないのですが、一点だけお伝えさせてください。先ほど前職を短期で退職した理由について、うまく回答することができませんでした。当時の本音や実情をそのままお伝えすると、ともすると前職への誹謗中傷と捉えられてしまうと思い、奥歯にものの挟まったような回答になってしまいました。申し訳ございません。

当時は上司の理不尽ともとれる指示につい感情的になってしまって、大人の対応ができなかった私の甘さが退職の要因と思います。ただ、もう済んだ話で、前を向いて進むしかありません。御社でチャンスを頂きましたら甘さを捨てて全力で頑張ります」

といった感じです。

「さきほど聞いた話を最後にまた蒸し返してきて、何なの？　その場できちんと回答すべきでは？」と、逆効果になるケースも稀にあります。

しかしこうしたフォローなしでは、不完全燃焼で終わります。選考結果も火を見るより明らかでしょう。

Part 4

「何がやりたいの？」への「本気度」が伝わる答え方

――志望理由、他社への応募状況、「当社の課題」、この仕事の魅力etc.――

Question 35

当社を志望する理由を教えてください

「使い回し」は、バレるからね
企業研究の成果を発揮し、入社意欲を感じたい

面接官も人の子です。複数の応募者が同じ水準なら、当社に入社したいという熱い思いがある人を採用したいのです。

しかし実際は、ネットから拾ったような言葉の羅列レベルが多いです。複数の同業他社に応募していると、特にこの傾向が強くなります。

つまり、社名だけ変えればどこでも通用するものではなく、**なぜ御社なのか、なぜ御社でないとダメなのか**を、明確に熱く語る必要があります。

また、志望理由を構成する前提がズレている場合があります。

たとえば、応募先企業にとっては国内市場を固めるのが最優先なのに、「これからグローバル展開を推し進める貴社は～」と話すと、明らかに的外れです。

志望理由は、面接では100%、質問されます。

ネット上の情報だけでなく、前職や出身校などの人脈をフルに駆使して、しっかりと応募企業の企業研究をした上で、その会社でしか通用しない志望理由を、熱く語ってください。

たとえばこういう人の場合

30歳男性、大卒。今まで食品メーカーで商品企画職として勤務。今回は同業種・同職種への応募。

NG!

「私が御社を志望する理由は、御社の安定性と社会貢献性です。〜」

⇨ 抽象的なフレーズで終わらず、オンリーワンの理由を展開して下さい。

OK!

「御社を志望する2つの理由があります。

1つ目は、前職の5年間の飲料マーケティングのスキルが活かせると考えたことです。

同じ業界でも器が違えば、考え方や方向性が違ってきますので、両社を比較しながら、より良い企画や提案ができればと思っています。

2つ目は、御社のメガヒット『ノンカロリーシリーズ』を若手がプロデュースされたことに代表される、若手に責任ある仕事を任せる姿勢に惹かれたことです。

御社で働く大学時代の1年先輩から、『ウチは若手に任せる会社だ』と伺いました。活躍ぶりを聞くほど、御社で働きたい思いが強くなっております」

⇨ 社員から直接、会社の情報を得るといった実体験から志望動機を語ることで、納得のいく志望動機になっていますし、入社意欲の高さも感じられます。

Question
36
あなたから見た当社のイメージは、いかがですか？

当社に甘い幻想を抱いていないかな？
良いことずくめの「おべんちゃら」は要らないよ
業界・企業研究に基づいた話をしてほしい

若手は特に、その企業の良いところに重点を置きすぎる傾向が見られます。**「イメージと違った」と、入社早々に退職するのは若手が多いので、面接官はイメージギャップがないことを確認したい**と思っています。

ほとんどの人は、面接官に「良いイメージ」だけを伝えようとしますが、企業は桃源郷ではありません。

面接官は**「現実的な視点の有無も、チェックしたい」**と思っています。企業研究や業界研究、関連情報収集などに基づかない「イメージを聞かれたので、何となく答えました」的な回答では、内定獲得は難しいでしょう。

よって、そのイメージを抱いた要因となる裏付けを話すことが必要になります。どういったことから、そのイメージを抱くようになったのか。たとえば製品・サービス、セミナーでの内容、経営理念、社長のメッセージなど、具体的な根拠を話してください。

たとえばこういう人の場合

26歳女性、大卒。新卒入社した電気メーカーの技術製造職として勤務。今回は2社目の転職で、メーカーの技術製造職への応募。

NG!

「御社は日本を代表する企業で、社員の方々も素晴らしい方ばかりで〜」

⇨ 美辞麗句を並べすぎると、イメージギャップがあると見られる危険性があります。

OK!

「チャレンジ精神とスピーディな実行力がある会社というイメージを持っております。

創業者田中一郎翁の理念『まず行動！』の浸透が背景ではと思っております。

昨年夏にいち早く発電事業への参入を決断し、社員200人を新事業部へ転籍させたのは、その証だと思います。先日のセミナーでは『変化が速い今、当社は朝令暮改ではなく朝令朝改だ』という社長のメッセージを伺いました。

一方で、そのスピードについていけない社員の方々は大変苦労されている旨も聞いています。ご縁がありましたら、私も御社のスピードに遅れないように、頑張っていきたいと思っています」

⇨ 理念やニュース、会社説明会の社長の発言を使って、自身が抱くイメージをきちんと裏付けており、事前に企業研究を行っていたことが分かります。

Question
37 他社の応募状況と、選考の進み具合は？

応募先の選択基準に一貫性はある？
合否には直接関係ないが、参考として他社の評価も聞いておきたい

一般的に、複数の企業に応募するのが転職活動のセオリーです。

若手でよくあるのが、応募先の業界、職種がバラバラで、面接官から見ると、一体何をしたい人なのかが分からないというケースです。

たとえば、他に応募中の複数の企業が建設業界なのに、当社は金融業界というように全然違うと**「冷やかしか？」**と違和感を持たれることでしょう。

なお、他社からの内定が複数あるなら伝えれば「売り」になりますが、一つもないケースも当然あります。**嘘をつかず事実を粛々と**語ってください。不採用の詳細まで語る必要はありません。

内定がなくても、他社の選考が進行中なら「売り」につながるので、ＯＫ例のように包み隠さず事実を伝えてください。

「今は2社の1次選考の結果待ちです」と、丸めて伝えても問題ありません。

たとえばこういう人の場合

30歳男性、大卒。新卒入社したＳＰＡ会社で販売業に従事。今回は初めての転職で異業種（税務・会計）・異職種（コンサルタント）への応募。

NG!

「いろいろ見てみたくて、エンタメ業界の会社にも応募しています」

⇨ 今回の応募先である会計コンサルタントには、何ら関係がありません。

OK!

「地元の複数の税理士事務所や都内のアウトソーシング会社を中心に応募しています。現在、書類選考を通過し面接待ちの税理士事務所が２つ、某アウトソーシング会社は最終面接まで進んでいます。

大学時代に商学部の会計ゼミにいたこともあり、税務・会計には当時から興味があったのですが、就活では接客販売に魅力を感じ、そちらに進みました。

しかし思いを捨て切れず、前職中に税理士試験講座に通うなど、キャリアチェンジの準備をしておりました。

簿記１級はその講座受講中に取得し、某アウトソーシング会社は、未経験な私でもこの点とやる気を評価して下さっているようです」

⇨ 目指す方向性が応募企業と大きくズレていないことが確認できます。他社の選考の進み具合から、面接官も自分の見立てに自信を持つことでしょう。

Question
38 数ある同業企業の中で、なぜ当社なのですか？

面接官が知りたいのはココ!

業界研究、企業研究に基づいた理由を教えてほしい
比較検討するなどして合理的に説明する力があるかな？

ここは、同業他社と応募企業の比較をした上で、「だから御社なんだ！」と結論付ける必要があります。

そのため、応募先だけではなく**業界、同業他社についても調査研究しておかないと納得させる回答はできません。**面接官は、応募者の業界研究、企業研究の成果をチェックしようとしているわけです。

他社と比べた場合の、応募企業の優位点や魅力、独自性などを分かりやすく伝える力も重要です。

せっかく充分な調査研究してきたのに、比較説明がうまくできず、「何を言っているのか、よく分からない」では非常にもったいない話です。

なお、他社をけなしたり批判する発言がたまにありますが、**相手を下げてこちらを高める話法は良くありません。**面接官にとっても非常に聞き苦しく、心証を下げるだけです。

たとえばこういう人の場合

27歳女性、大卒。今までドラッグストアでの店舗運営業務に従事。今回は初めての転職で異業種（コンビニ本部）・同職種への応募。

NG!

「ネットで調査したら、御社は他社に比べて社風が良いとの評価ばかりでしたので」

⇨ 言い切りではなく、この後にきちんと説明しないと面接官には伝わりません。

OK!

「すでに本業界は国内では飽和状態で、適正店舗数を3割上回っているとのシンクタンクからのレポートもあります。

しかし、飽和な国内市場でも、御社はあのスイーツのような大ヒット商品を生み、どこよりも早く今後の伸びが期待できる新興国マーケットに目をつけ、特に東南アジアでの店舗数を増やされています。

業界3位とはいえ、時代を先読みする力は他より優れていると感じています。

こうした新しい価値と機会の創造は、藤波社長の経営方針と伺っております。

私もぜひこの方のもとで働き、自分をより一層磨きたいと思っている次第です」

⇨ シンクタンクのレポートの引用など、業界研究した成果を感じ取れます。他社ではなく当社である理由を分かりやすく説明できています。

Question
39 当社の課題は何だと思いますか？

面接官が知りたいのはココ!

単なるダメ出しでなく、本音で具体的に語ってほしい
評論家ではなく、入社後に解決する当事者意識はあるかな？

どんな企業でも課題はあるはずです。だから志望先であっても、萎縮や遠慮せず堂々と自分の考えを伝えなければなりません。

面接官も、当社への誹謗中傷でなければ、応募者視点での課題をぜひ聞かせてもらいたいと思っているのです。

入社したら一緒に克服していかなければなりませんから、高みの見物を決め込む評論家ではなく、当事者としての解決策を併せて聞かせてもらうことで、当事者意識を感じたいと思っています。

残念なのは「社会の流れがこうだから」といった、自分の考えがない回答が多いことです。たとえば「海外展開が遅れていることが課題だ」と主張したとしましょう。しかし後述のOK例のように、他より早く海外展開したからといって成功するわけではありません。世の中の流れが応募企業にマッチするとは限らないのです。

周りに流されて**自分の考えがない回答を、面接官は聞きたくない**と思っています。

たとえばこういう人の場合

28歳女性、大卒。今まで新卒入社した会社にて総合職として勤務。今回は同業種・同職種への応募。

NG!

「今、実業界で主流の『選択と集中』が御社はできていないと思います」

⇨ 世間の動向ありきではなく、自分の考えを展開してください。

OK!

「私が考える御社の課題ですが、2つあると思っています。

1つは、国内市場への依存度の高さです。

海外展開に5年前から取り組んでいらっしゃいますが、当初目標の60％の達成で、国内での利益を海外で使いきっているという記事も目にします。海外戦略を見直す時期かもしれません。

もう1つは、御社の事業拡大のスピードが速すぎ、人材が追いついていない点です。入れ替わりが激しいと社内の有益なノウハウが蓄積されず、優秀な人材を他から持ってくるだけでは、やはり組織はうまくいかないと思います。

この2つをクリアできれば、今まで以上に加速度的に成長できると思っております」

⇨ 数字を押さえた定量的な表現を用いて、堂々と自分の意見を展開できています。世間動向に合わせたそぶりもなく、当事者意識を感じ取ることができます。

Question

40

当社について知っていること、調べてきたことがあれば教えてください

ネットや求人で得られる情報は、知っていて当たり前だからね
それ以外の情報収集の成果により、当社への入社意欲を感じたい

面接に臨む前に、応募企業のホームページや求人情報には目を通しているでしょう。

ここではまず、「企業情報を正確に把握しているか」がチェックポイントになります。社長の名前や従業員数、拠点数など、一般に公開している情報は必ず頭に叩き込んでおきましょう。面接は会話ですから、「仲田社長」の場合、**「なかだ」か「なかた」か**、読みも要チェックです。

次に、応募者の企業研究の具体的な取り組み、たとえばOB・OG訪問や店舗見学、セミナー参加などから得た情報も、ぜひ教えてほしいと面接官は思っています。

「知人の御社の社員からこういう話を聞いた」、
「実際に御社の複数店舗を訪問したら、こうした点を重視していると分かった」
といった、**リアル感のある情報**を伝えてもらうことで、当社への入社意欲を感じたいのです。

デジタルネイティブ世代だからこそ、足を使って収集した企業情報を話すと非常に効果的で、その他大勢のライバルに差をつける絶好のチャンスとなると心得てください。

たとえばこういう人の場合

25歳女性、大卒。今まで新卒入社した会社にて技術職として勤務。今回は同業種・同職種への応募。

NG!

「知人から御社は京都市の誘致企業で、優良企業でないと誘致されないと伺いました。素晴らしい会社だと思います」

⇨ 幼稚な感想レベルでは、面接官には響きません。

OK!

「社長は前豊田物産専務の山田太郎様で、現在ＥＶ車用のモーター部品の開発・製造を事業軸として国内で２つの工場、海外に１つの工場があり、従業員数約２００人超と認識しています。

そして先日のジェトロ主催のアジア市場進出フォーラムで、御社副社長の講演を拝聴する機会を得ました。

特に、御社は新興企業ということもあり、この３年間の成長率が業界ナンバーワンであること、また政治リスクがあってもミャンマーへの進出を粘り強く進めていく考えであること、この２つが印象に残っています」

⇨ まずきちんと概略的な企業情報を押さえた上で、リアルな企業研究の様子が垣間見えるため、面接官も入社意欲を感じ取れるでしょう。

Question
41
新卒の就職活動時に、なぜ当社を受けなかったのですか？

面接官が知りたいのはココ!

受験しなかったこと自体は問題ないので、言い訳は不要
「新卒時には興味がなかった」という前提での志望動機を聞きたい

この質問は、当社を受けていなかったことを責める目的ではありません。

「就活時に当社を受けなかった理由」と**セットで「今現在の、当社への思い」**を語ってもらうためのものです。

だからたとえば、

「就活では周りと同じく大手志向だったので、御社に注目できていなかったが、社会人となって職歴も重ねるうちに、御社の魅力に惹かれるようになった」

というように、当時と今の心境の変化に触れながら、応募企業への志望理由を語りましょう。

「いや、実は御社を受けようと思わなかったわけではなく〜」

と言い訳しようとすると、かえって深みにはまってしまいます。受験しなかったのは事実ですから、変えようがありません。

言い訳がましい話をするよりも、素直に事実をありのまま話した方が、好感を持たれます。

たとえばこういう人の場合

26歳男性、大卒。今まで新卒入社した商社にて営業職として勤務。今回は異業種（メーカー）・同職種（営業職）への応募。

NG!

「実は当時、御社の会社説明会の予約が取れなかったので、受験できませんでした」

⇨ その事実だけで終わらせず、ぜひ今の心境を語ってください。

OK!

「当時私は商社志望でしたので、御社に限らずメーカーはまったく受験しませんでした。恥ずかしながら、当時は商社マンって格好いいというレベルの志望でした。

商社で4年働いてみて、やっと周りが見えるようになりました。同じ営業でも、儲かるものなら何でも扱うというスタンスよりも、自分が気に入った製品を、愛着を持って売っていきたいと考えるようになりました。

この2年間、御社の第二事業部と取引する中で、御社の製品や社員の方々に惹かれ、御社で働きたいと思い応募致しました。

実は、今回の応募を勧めて下さったのも、いま懇意にさせて頂いている第二事業部の畑中部長です」

⇨ 過去の志向や経緯を実直に話すことで、面接官の好感を得ることでしょう。今回の応募の経緯に話がつながっており、応募企業で働きたい思いがしっかり伝わってきます。

Question
42
内定を出したら、間違いなく入社して頂けますか？

面接官が知りたいのはココ!

他社の応募状況を含め、現在の心境を率直に聞かせてほしい
「御社で働きたい」という強い思いを感じたい

この応募企業が第1志望であれば、「はい、喜んで入社します！」で終わりです。

問題は、他に志望度の高い企業を受験している場合です。

つい嘘をついたりごまかしがちですが、面接官は他社の優先順位が高いケースがあることは重々承知しています。

嘘やごまかしではなく、今の心境をプラス方向で実直に語ってください。

実直と言っても「いや、実は御社は滑り止めです」と言う人はさすがにいないでしょう。応募企業に多少なりとも興味があるから、面接に臨んでいるわけです。

「即答はできませんが、私が働きたい企業の1つであること、御社で○○をやってみたい気持ちが強くあることは間違いありません」

と、今の心境をプラス方向で語ってください。

なお、仮に嘘をついて入社できたとしても、必ずどこかで無理が出ます。

プラス方向で実直に語って落とされた場合は、「縁がなかった」と結論付けて次に行くしかありません。

たとえばこういう人の場合

23歳女性、大卒。今まで新卒入社した人材サービス会社にて営業職として勤務。今回は同業種・同職種への応募。

NG!

「実際に内定を頂いたら、しっかり考えて結論を出したいと思います」

⇨ 面接官に不信感を抱かせるような、はぐらかした回答は謹んでおきましょう。

OK!

「正直に申し上げて、今の段階で間違いなく御社に入社するとは、まだ申し上げられません。

もちろん内定を頂けるのは大変光栄なことですし、働いてみたい企業の1つであることには間違いがありません。

しかし、いま転職活動を始めたばかりであることと、約2年前の就活でなかなか企業選びがうまくいかなかった反省もありますので、次の進路として慎重に検討させて頂ければと思っております。

また、こういったことにはタイミングもあると考えておりますので、もしそういった正式なオファーを頂戴できるのであれば、回答期限内に必ずお返事をさせて頂きます」

⇨ 最初に正直に即答できない旨を回答した上で、その理由を明瞭に説明しています。これなら面接官に不信感を持たれることはないでしょう。

Question
43
本職を志望する理由を教えてください

興味や熱意だけを前面に出したPRは聞きたくないよ
仕事内容についてきちんと把握できている?
入社後に活躍するイメージを持たせてほしい

まず、応募企業へのではなく、職種への志望理由を回答しなければなりません。「興味があるから」「やってみたいから」と、興味や熱意だけをＰＲするのはＮＧです。より具体的に語る必要があります。

次に面接官は、仕事内容についてしっかり把握できているか、確認したいと思っています。何の根拠も示さず「前職でも営業は経験済みですから、御社でも結果を出せます」などと言うと、認識が甘い、当社のこの職種を軽んじていると受け取られるでしょう。

最終的に面接官は、応募者のスキル・経験から、入社後に当社で活躍するイメージを持ちたいと思っています。

たとえば5年間の法人営業経験があり、全年度でノルマ達成という実績があれば、同じ職種の当社でもきっと活躍してくれると期待を持てます。

このように、**「当社で活躍してくれそうだ」と思える根拠をぜひ示してほしい**と思っているのです。

たとえばこういう人の場合

29歳男性、大卒。今まで2社にて不動産営業職として勤務。今回は異業種の個人向け営業職への応募。

NG!

「前職でも同じ仕事でしたので、御社でも同じようにできると考え、志望しました」

⇨ この後、応募企業で同じようにやれる根拠を示しましょう。

OK!

「私が御社の個人向け営業職を志望するのには、2つ理由があります。

1つ目は、昔から御社製品の大ファンで、ぜひ売りたいと思ったからです。前職、前々職では、正直なところ、商品に愛着を持てませんでした。やはり自分が良いと思ったものこそ、お客様に良さを伝えられると思うのです。

2つ目ですが、御社の営業スタイルがDMやホームページ、イベント開催などで見込み客を集める反響営業スタイルであり、前職、前々職で約6年間、経験を積み、最も得意な方法だからです。

このことから今までの経験・スキルが最大限に活かせると考え、本職を志望しました」

⇨ 製品への愛着度に加え、自身が経験してきた営業スタイルと応募企業のそれとの整合性を詳細に話すことで、営業として活躍してくれる可能性が感じられます。

Question
44 あなたにとって、営業職の魅力は何ですか？

面接官が知りたいのはココ!

的外れでなければ、どんな内容でもかまわないよ
当社の営業職の魅力に関連づけて展開できれば、より素晴らしい

営業職の魅力を語るとともに、それが応募企業の営業職でも感じられるものなのかを意識して、回答する必要があります。

営業職自体の魅力については、オーソドックスなものでかまいません。

一般的にその魅力とは、「やったらやった分だけ数字で跳ね返ってくる」、「自分の力次第」といった「実力主義」、「お客様の喜ぶ姿を直接見られる」といった「顧客第一主義」などが挙げられます。

応募者が感じるものであれば、どれを語ってもかまいません。

問題は、**応募企業との整合性**です。

たとえば、数字より顧客満足度を評価する会社の面接で「営業は数字がすべてと思っています」と「数字至上主義」に傾倒しすぎると、「当社と合わない」と見限られます。

同じ営業職でも会社によって、スタイルや優先事項は全然違います。後述のＯＫ例のように、これに合わせて回答を組み立てる必要があるのです。

たとえばこういう人の場合

32歳女性、大卒。今まで3社にて法人営業職として勤務。今回は異業種の、歩合制を採用している法人営業職への応募。

NG!

「やっぱり、自分の裁量で、自分のペースでできるのが魅力ですね」

⇨ 言い切りで終わりではなく、この後に応募企業に合った丁寧な説明が求められます。

OK!

「数字で公正に評価される点を一番の魅力と考えています。

もちろん、営業エリアや担当顧客、取り扱い商品などによって差が出ますので、評価も常に平等ではないことは理解しています。

しかし、恵まれない環境下でもちゃんと継続していれば、必ず結果はついてきますし、営業数字ほど明確で分かりやすいものはありません。

他の職種のように、上司の好き嫌いや相性などの私情で評価が変わるわけではありませんし、売上が上がらないのは自分の責任と考えています。

御社では給与体系において歩合の要素が強く、数字を上げた営業社員にきちんと還元する旨をお聞きし、この数字中心の考え方こそ私の望む姿ですので、志望しております」

⇨ 営業職の魅力を端的に伝えた後、応募企業に合わせた形で回答を整えています。最後に志望動機に触れることで、より一層の納得感を提供できています。

Question
45
あなたにとって、事務職の魅力は何ですか？

面接官が知りたいのはココ!

消去法で事務職を選んでいても、改めてその魅力を当社の事務職を志望する思いを感じたい

「私には、営業や総合職は無理だから」と、消去法で事務職を志望する人が結構います。

仮に本音はそうでも、事務職への思い入れをＰＲする必要があります。

その上で、応募企業の事務職の仕事への理解度と志望度合いを語るべきなのです。


一言で事務職といっても、**業務範囲の幅が広い**のが特徴です。

応募企業ではどこまでが守備範囲なのか、またどこに比重があるのかをきちんと理解した上で回答しないといけません。

たとえば、受付が主である事務職に、

「できるだけ短い時間で正確に業務を完結させることに、事務業務の面白さを感じています」

と話しても、的外れになってしまいます。

なお、指示待ちではなく一歩踏み込んで、後述のＯＫ例のように、

「入社後にはＢＰＲ（事務の業務フローの見直し）や業務効率化に積極的に取り組みたい」

という**攻めの姿勢**を語ると、より訴求力が向上しますのでお勧めです。

たとえばこういう人の場合

26歳女性、大卒。今まで新卒入社した会社にて一般事務職として勤務。今回は異業界の一般事務職への応募。

NG!

「私はバリキャリタイプではなく、地道に仕事をするタイプです。事務職は地道さが必要だと思いますので、この共通点が魅力と考えています」

⇨ 消去法的な回答は頂けません。

OK!

「私が考える事務の魅力は、縁の下の力持ちとして会社の発展に微力ながらも貢献できる点です。

また、事務処理の効率化・合理化を考えるのも楽しく、自分一人の業務範囲でもBPRに取り組んでいけるのが魅力です。

御社の顧客データは大量で煩雑とのことなので、業務を覚えた後に、アプリやソフトを駆使して、より一層の業務効率化に取り組んでいければと思っています。

なおこうした一方で、事務職は『できて当然』であり、ノーミスの仕事ぶりでもなかなか評価頂けない実情も、しっかり理解しているつもりです」

⇨ 事務職の魅力を非常に分かりやすく説明し、入社後に取り組みたいことまで具体的に話すことで、応募企業への思いを伝えることに成功しています。

Question
46
あなたにとって、経理職の魅力は何ですか？

奇をてらったものでなく、凡庸で定番の回答でもかまわない
当社の経理職を志望する思いを感じたい

会社のお金、決算数字といった重要な企業機密を扱う以上、信頼・信用できる人かは厳しくチェックされます。

だから「独創的なことを言わないと」といった小細工は不要。**凡庸な回答で大丈夫です。**

経理職の魅力といえば、

「企業の経営状況を的確に把握・分析できる点」、

「管理会計には奥の深さがあり、飽きなくて面白い」

などがあります。こうした定番のものでＯＫです。

後述のＯＫ例のように、経理という定型業務を着実にこなすだけに留まらず、

・財務諸表等に基づいた経営分析
・業務フロー見直しによるスピードアップ
・部門別利益管理表といった、経営陣が求める迅速なレポート作成

などに**積極的に取り組んでいきたい**という思いを語っておきましょう。

凡庸一辺倒の回答に終始するライバルに、大差をつけることができます。

たとえばこういう人の場合

28歳女性、大卒。今まで新卒入社した会社にて経理職として勤務。今回は異業界の経理職への応募。

NG!

「対人折衝は苦手ですが、数字を扱うのは得意なので、私に合っている点が〜」

本音だとしても、ネガティブな理由からの魅力展開は避けた方が無難でしょう。

OK!

「経理職の魅力は、日々の正確な積み重ねが年度の決算へと昇華し、ミスのない完璧な、美しい財務諸表ができあがったときの達成感を味わえることです。
ただ、日々非常に地道な作業の連続で、前職でも決算前には徹夜や深夜までの勤務が続き、精神的にも体力的にもつらかったです。
しかし決算が終わったときの達成感は、何とも表現しがたいものでした。
御社入社後は、ただ単に言われたことをやるだけというつもりはありません。
構想中で未着手と伺いました、会計上の過去分析、現状分析などの経営分析レポートを経営陣に素早く提供できる仕組みの構築に携わりたいと思っています」

前職の体験に基づいた経理の魅力は非常に説得力があり、入社後に取り組みたいことが具体的で、面接官の納得感がより増すことでしょう。

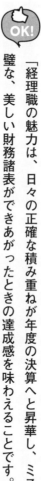

Question
47
あなたにとって、人事職の魅力は何ですか？

人事の仕事を偏った視点で見ていないかな？「慎重さ」や「責任感の強さ」はある？

若手応募者と人事の接点というと、採用選考が一番身近です。選考される側ではなく、選考する側に回って人を見定めたいという思いから、人事を志す人も一定数います。

確かに採用も重要な仕事ですが、今はコロナ禍によるリストラ、賃金カット、問題社員の対応等、精神的につらい業務が多くなっていますから、「いろいろな人との出会いがあることが魅力です」などと能天気な回答をするようでは、資質を疑われます。

特に、人事情報は最高レベルの企業機密です。異動命令やリストラにより、他人の人生まで大きく左右する重責もあります。だからこそ**「慎重さ」や「責任感の強さ」を厳しくチェックしたい**と面接官は思っています。

NG例のような軽さや甘さが感じられると、当社の人事としてはふさわしくないと秒殺されます。

OK例のように、丁寧かつ慎重に言葉を選んで回答するようにしてください。

たとえばこういう人の場合

32歳男性、大学院卒。新卒入社した急成長中のベンチャー企業にて人事職として勤務中。今回は同規模他社の人事職への応募。

NG!

「人事異動から会社の動向をいち早く見られ、俯瞰的に会社を把握できる点です。前職では事業部長が解任された情報から〜」

⇨ 前職の情報をペラペラとしゃべる軽さはNGです。

OK!

「社員のキャリア形成と組織の最適化・最大化に取り組める点が一番の魅力と考えています。

前職ではローパフォーマーのリストラも担当し、非常に壮絶な局面も体験しました。双方ともつらい思いをしましたが、馴れ合いの仲良しグループでは会社が回りません。成果が見られない社員には私情を交えずリストラを完遂するといった、心を鬼にする厳しさも必要だと思っています。

このようなリストラも含め、組織が活性化して会社の業績アップにつながったと感じられたさいに、人事としてのやりがいを実感します」

⇨ 最初に人事職の魅力を分かりやすく伝えることができています。リストラにも触れて、軽さがないこと、丁寧な言い回しから慎重さがあることが感じ取れます。

Question
48

あなたにとって、総務職の魅力は何ですか？

消去法で行き着いた詳細は聞きたくないよ
凡庸な魅力でも良いので、当社の総務職への志望度合いを感じたい

総務職は他部署より大きな業務範囲を任されるため、ごく一部の業務を除いて、あまり専門性がないのも事実です。

だからといって、「経理をやれる専門知識はないし、対人折衝が苦手で営業は嫌」といった消去法に基づいた回答はもちろんＮＧです。

「社内の潤滑油的存在で、社内を裏から円滑に回していく点が魅力」といった凡庸な内容でかまいませんから、素直に感じた魅力を語っておきましょう。

その後に理由を説明します。

総務は守備範囲が幅広いため、**応募企業に合った内容に**しないとピントがズレます。

たとえばISO14001やプライバシーマーク取得の責任者を務めた経験があったとしても、応募企業ではデータ管理や資材管理がメイン業務なら、リンクしません。

後述のＯＫ例のように、応募企業の総務職は一体どこに主眼を置いているのかを確認した上で、説明してください。

たとえばこういう人の場合

35歳女性、大学卒。2社でシステム開発SEと社内SEを経験。今回は異業種で、社内SE込みの総務職への応募。

NG!

「専門的な業務よりも、どちらかというとジェネラリスト思考なので〜」

⇨「消去法で総務」という流れから魅力を語るのは、よろしくありません。

OK!

「社会インフラのように、社内で不可欠な存在である点に魅力を感じています。前職では社内SEとしてIT環境を整え、より便利に快適に仕事ができるように努めて参りました。

システム上の不具合があり、深夜・休日でも出勤し回復作業に当たったこともあります。普段はなかなか存在価値を認めてもらえませんが、緊急事態にスムーズに対応することで、社員の皆さんから感謝されるのが何よりのやりがいです。

御社の総務は、社内システム部門も包含していて、幅広い業務もあると聞きました。社内SEだけでなく、様々な業務を経験できる点が、非常に楽しみです」

⇨前職の社内SEの経験から魅力を語った上で、故障対応のエピソードや幅広い業務にもチャレンジする積極性が語られ、総務職としての資質が伝わってきます。

Question
49 あなたにとって、技術職の魅力は何ですか？

面接官が知りたいのはココ!

正直、何でもいいが、当社に合っているかな？
未経験ジャンルであっても、当社の技術職としての活躍を期待したい

技術職はジャンルが多岐にわたるので、その魅力を語った後、応募企業のジャンルに合わせた魅力や、応募企業への志望動機につなげることが必要です。

技術職の魅力は、

「いま以上に良いものを創って会社、社会に貢献できる」、

「自ら技術革新を推進していける」、

「つねに最先端の技術に携われる」

など、凡庸でかまいませんが、やはり応募企業に合った回答をしなければなりません。

特に技術職の場合、経験者に的を絞った求人が主なので、大学での研究や職務経験がそのまま活かせるなら、ありのまま語ればＯＫです。

しかしジャンルが変わるなら、経験やスキルの**汎用性を強調**しないといけません。

たとえば「回路設計の技術職」への応募の場合、未経験でも若手であれば採用される場合がありますが、化学系の豊富な経験をそのまま伝えても面接官には響きません。

ＯＫ例のように、大学や前職で培ったもので応募企業で役立つ点をＰＲする工夫が必要です。

たとえばこういう人の場合

26歳男性、大卒。新卒入社した化学系メーカーの技術開発職として勤務中。今回は、ジャンル違いのＡＩエンジニア職への応募。

NG!

「営業とかは無理ですが、元々理系出身なので、私でもできる点が魅力で〜」

他はダメだが技術職なら、という消極的な話はやめておきましょう。

OK!

「技術職の魅力は、技術には社会自体を変革する力がある点です。大学時代、土壌微生物の研究に没頭し、現職では化学製品の技術開発に従事しています。

実は今、経営不振のため研究予算が減らされ、技術者も営業に回されるなど聖域を設けない経営再建策を進めています。

そこで現職に見切りをつけ新天地を探すことにしましたが、中でもＡＩは社会をより便利にする力があること、ＩＴ業界出身でなくても、何らかの研究開発経験がある理系学卒であれば未経験でも活躍の場があることから、御社に魅力を感じました。長年の技術研究開発で養った探究心や技術吸収力、論理的思考力は、必ず御社でも役立つと信じています」

技術職の魅力から、転職理由、ＡＩの魅力、そして応募企業への志望動機とつなげることにより、未経験ジャンルでも活躍してくれる可能性が伝わってきます。

Question 50

希望職種に就けない可能性がありますが、いかがですか?

面接官が知りたいのはココ!

「大丈夫、問題ない」は大前提だからね
「今は叶わなくても将来は叶える」というプランがあるかな?

この質問は職種限定だと絶対にされません。総合職のように複数の職種の可能性がある場合のみと捉えてください。

企業は利益を追求する団体ですから、個人の希望をすべて聞くわけにはいきません。「希望が通らないなら、入社は辞退します」とわがままを言わず、企業側の意向を受け入れる**柔軟性、適応能力**があることをＰＲしなければなりません。

その上で、応募企業の希望職種で働きたい思いをどう伝えるかがポイントです。「何でも従います」というイエスマンもいらないけれども、**今まで散々アピールしてきた希望職種へのこだわりが乏しいのも問題です。**

そのため、今は希望通りにならないかもしれないが、入社が叶った場合の希望職種に就くための具体的な取り組みプランを語っておけば、入社意欲と希望職種への思いの両方を感じ取ってもらえるでしょう。

たとえばこういう人の場合

26歳女性、大卒。新卒入社した会社に勤務中。今回は2社目の転職で、同業種・異職種への応募。

NG!

「御社に入社が叶うのなら、希望職種でなくても全然かまいません」

⇨ 希望職種への思いが薄すぎるのは問題です。

OK!

「企業で働く以上、希望通りにならないことがあるのは十分認識しています。前職でもフィールドエンジニアを希望していましたが、在職中は社内SE業務に従事していて、当初の願いは叶いませんでした。

しかし、社内SEにも私は非常にやりがいを持って業務に臨んでいましたし、希望するフィールドエンジニアとの共通・類似業務もありましたので、満足して働くことができました。

御社から見て、私が活躍できる場所が他にあるということでしたら、まずはお受けし、しっかり結果を出してから、自分の希望実現のために社内公募制度などを活用して次に進めるようにしたいと思います」

⇨ 入社後の希望実現に向けての具体的な取り組みにも触れることで、面接官も当社への入社意欲と希望職種への思いの両方を感じ取ってくれるでしょう。

Question 51

転職する際、最も重視することは何ですか？

給与や休みなど、処遇面を前面に出されると辟易
「仕事に関すること」を展開できるかな？

働く上で、高い給与や多くの休み、安定した仕事生活、充実した福利厚生を重視するのは当然でしょう。

しかし、**働く前から権利を振りかざされても困るというのが、面接官の本音です。**

だから、これらを前面に出すのはやめておきましょう。


それよりも、「やりたい仕事に就けるか」といった仕事に関すること、特に応募企業の応募職種の仕事、たとえば「希望する決算業務に関われるかどうか」、「システム開発業務でプロジェクトマネジャーを担当できるか」などを、ぜひ語ってください。

その後で、なぜそれを選んだのか、**理由や思いをきちんとフォロー**する必要があります。

単に「やりたいから」、「興味があるから」で終わっては、若手とはいえ、あまりに稚拙すぎます。

「やりたい」理由や思いを伝えた後、できれば「そのためには給与が前職よりも下がってもかまわない」といった覚悟についても、アピールしてください。

たとえばこういう人の場合

24歳女性、大卒。新卒入社した食品卸会社に勤務中。今回は2社目の転職で異業種（食品メーカー）・異職種（商品企画）への応募。

NG!

「ワークライフバランスの観点から、年間休日や有休取得率の高さを最優先します」

⇨ 心情は理解できますが、ここは働くことに比重を置いて語らないといけません。

OK!

「希望職種である商品企画に就けるかどうか、特に新商品開発業務に携われるかを最優先します。

そのためなら、給与が前職より大幅に下がっても、労働時間が長くなってもかまいません。

御社では入社後一定期間、営業職として現場を体験した後に、今後のキャリアを決めるべく希望職種を選択できる制度があると、先日の説明会でお伺いしました。

私はまだ社会人経験として2年足らずですが、B社の『食べる調味料シリーズ』のようなヒット商品を創りたいので、前職の卸売り担当から食品を創り出す側に移るべく、今回転職を決意した次第です」

⇨ 最重視する点をはっきり伝えた上で、覚悟も伝えています。入社後にその職に就くためのアピールもできているので、面接官も納得でしょう。

Question

52

当社が求める資格を、お持ちでないようですが？

面接官が知りたいのはココ!

「持っていないなら即不採用」ではないからね
「引け目」についての思いと、今後の取得プランは？

たとえば、日商簿記1級資格が応募の必須条件であれば、保有していない応募者はそもそも面接には呼ばれていないはず。

採用の可能性があるからこそ、呼んでいます。

なので、この質問を受けて**「やっぱりないとダメなんだ」と、動揺しないでください。**

ただ「はい、持っていません」では足りません。

それをどう捉えているか、**過去と現状の両方についてきちんと説明し、今後どうしていくか**を伝えないといけません。

「今年8月には取得予定です」と高らかに宣言しても、具体的にどうするかを説明しないと、納得してもらえません。

ＯＫ例のように、地に足の着いた見通しや計画を話してください。そうすれば、今後確実にやってくれるだろうと面接官を納得させることができるでしょう。

なお、「ないけど知識に差はない。前回はたった1点差で落ちただけ」といった回答は言い訳がましく見苦しいだけ。ないものはないのだから、やめておきましょう。

たとえばこういう人の場合

25歳男性、大卒。新卒入社した会計ファーム会社で勤務し2カ月前に退職。今回は2社目の転職で、同業種・同職種への応募。

NG!

「確かに保有していませんが、これまで別に資格がなくても仕事はできました」

⇨ 開き直ったかのような言い訳がましい回答では、面接官は評価しません。

OK!

「確かに保有していません。大学時代に2級は取得したのですが、1級となると原価計算の壁をなかなか克服できずにおります。

前職の事務所では、資格や理論より実務重視で、30社を超える顧問先を1人で担当しておりました。言い訳がましくなりますが、多忙を極めており、毎月60時間超の残業があり、正直なところ勉強にも力が入りませんでした。

しかし先々月の退職を契機に、ここで経理業務の棚卸しと理論の整理をしたいと思い、再度受験することを決めました。

今は平日3時間の自宅学習と、日曜日に予備校の講座に通っており、今年6月に再受験する予定です」

⇨ 動揺せず、取得できなかった理由を理路整然と説明しつつ、資格取得への思いと具体的な行動を伝えることで、今後の取得への意欲や可能性をPRできています。

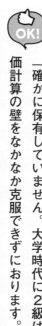

Question
53
当社の仕事のやり方は独特ですが、対応できますか？

「対応できる」が大前提だからね
なぜ「対応できる」のか、具体的な根拠は？

ここはたとえ本音でも「（対応できるか）自信ありません」は論外で、「対応できます」が大前提です。

脅《おど》しめいた質問ですが、**動揺せず「対応できます」と伝えてもらい、当社で働く強い覚悟を感じたい**と、面接官は思っています。

何の根拠もなく「対応できます」と宣言するだけなら誰でもできます。**なぜ対応できると言い切れるのか**、面接官が納得する説明をしなければなりません。たとえば、

「前職も業界の慣習とはまったく違うやり方だったが、5年間逃げずに業務を遂行してきた経験があるから」、

「今まで経理、営業、SEと3つのまったく違う職種を担当してきた経験があり、どのような業務でも一人前以上の実績を残し、柔軟に対応できる適応能力と吸収力を養ってきたから」

と、裏付けるエピソードや筋道だった説明が必要です。

こうした回答ができれば、面接官は「当社の戦力として活躍してくれそうだ」と期待を抱くことでしょう。

たとえばこういう人の場合

30歳女性、大卒。今まで2社に勤務。今回は3社目の転職で、同業種・同職種への応募。

NG!

「現時点で対応できるとは断言できませんが、何とかしたいと思います」

⇨ 応募者の不安感がにじみ出ている回答では、面接官も受け入れ難いです。

OK!

「対応できます、というより、石にかじりついてでも対応しなければと考えております。

私の今までのやり方と、御社のそれの差異が大きければ、業務を習得するのに多少時間がかかるかもしれませんが、足りない部分はオフタイムの活用や業務ノートをつけるなど日々地道に努力し、いち早くやり方に慣れるしかないと考えております。

実は、前職と前々職では組織文化が正反対で、大変苦労した経験があります。

このときも周りに追いつくため地道な努力を欠かさず続けたことにより、何とか無事、一人前の戦力になることができました。

このやり方で、御社独特のやり方についても、できるだけ速く習得したいと思っています」

⇨ 対応の決意を高らかに語った後、前職での同様の経験や具体的な取り組み内容を説明することで、「対応できそうだ」と感じ取ってもらえることでしょう。

Column 06

就活時のリクルートスーツじゃダメ？

今やフルリモート勤務も浸透してきて、選考過程で一度も直接会うことなく、最終面接ですらオンライン面接という企業も出てきました。

とはいえ、直接会って面接するのが今も主流であるのは間違いありません。

そこで、どういった服装で臨むのが良いのか？　ここで整理しておきましょう。

まずは面接に臨む服装です。

応募企業から「あなたらしい服装で来てください」といった注文がなければ、スーツにネクタイ、革靴の一択と考えておいてください。

要は、服装で差をつける必要はなく、無難な選択で良いということです。

なので、ふだんスーツを着ない仕事のため就活時のリクルートスーツしか持ってないなら、それを着て行っても何ら問題ありません。

ただし、夏だけは全く別です。

今やスーツにネクタイでは過ごせないレベルの暑さになっていますので、ノーネクタイでシャツにスラックス、あるいはスカートで大丈夫です。

なお、オンライン面接の場合も原則、同じ服装で問題ありません。

部屋にエアコンを効かせれば、夏でもスーツにネクタイという服装は可能ですので、筆者はこちらをおすすめします。

Part 5

退職、転職、労働条件……納得される答え方

――退職理由、入社の時期、転勤の可否、給与額、残業、出向etc.――

Question
54
前（現）職を辞めた（辞める）理由を教えてください

「会社都合」なら、事実を伝えてほしい
「自己都合」なら、誹謗中傷でなく納得できる理由を

ここは、会社都合退職と自己都合退職の２つに分類します。

まず**会社都合の場合、事実を包み隠さず伝えれば問題ありません。**たとえば「経営不振から事業部自体が閉鎖となったのに伴い退職しました」という内容なら面接官も納得します（会社都合といっても、業務上横領で懲戒《ちょうかい》解雇されたようなケースは除きます）。

次に自己都合の場合ですが、たとえば「前月50時間も超過勤務があったので」「上司が何も教えないくせに怒るので」が本音だとしても、そのまま伝えると「嫌なことがあったから辞めた」という短絡的な退職に映ります。

前者なら、「ダラダラ仕事するのではなく時間内に集中して働きたい私と、付き合い残業を強要する前職との間に溝があった」、後者なら「『見て盗んで学べ』的な職場環境が私には合わなかった」と、できるだけ**ネガティブな要素を排除した言い回し**により、面接官の納得感を引き出すことが大切です。

たとえばこういう人の場合

27歳男性、大卒。2社で勤務経験あり。3カ月前に自己都合退職しており、前職の営業とは異なるマーケティング職への応募。

NG!

（工場閉鎖によるリストラなのに）「実は前職ではいろいろとありまして～」

⇨ 指名解雇でなければ、堂々とその事実を伝えてください。

OK!

「私のキャリアプランと、会社の方向性が異なっていたので退職しました。

私が前職に転職を決めたのは、一定期間営業経験を積んだらマーケティング職へのキャリアパスがあると、採用面接時にご説明頂いたからでした。

しかし実際はマーケティング職への異動は非常に困難で、営業部員からの異動実績は皆無である実態を知りました。

社内公募制度等は一応あるとのことでしたが、画に描いた餅で、自分の目標実現には程遠いことを思い知らされました。

もちろん辞めずに異動を目指す方法もあったかとは思いますが、本意でない営業職でいたずらに時間を過ごしても仕方がないと思い、短期で退職を決意しました」

⇨ 自分のキャリアをしっかり軸に据《す》え、前職を辞めた理由について具体的な障壁に触れながら説明することにより、説得力が増しています。

Question
55 その理由なら辞める必要はない（なかった）のでは？

退職理由について詳細に聞いて納得したい
「退職やむなし」という論理をきちんと展開させられる？

前項の回答に面接官が納得できていないと、突っ込んでくるというケースです。

退職理由にあいまいさや抽象的な表現があるからこそ、この質問で踏み込むことで本当の理由を知り、その正当性を確かめたいと、面接官は思っています。

だから前項以上に、より具体的に分かりやすく説明する必要があります。

たとえば、

「確かに、仕事にやりがいを見出せないので退職した、ではご納得頂けないかもしれません。前職の悪口になってはと、ついオブラートに包んだ表現になりました。実は～」

と、前置きの後の**「実は～」以降で、踏み込んだ具体的な内容を話す必要があります。**

詰問されて「すでに答えたのに…」とフリーズしたり、同じ内容を繰り返すのはもったいないことです。

質問されているのだから、退職理由をより詳細に、丁寧に語れるチャンスなのです。

ぜひこの回答によって、退職理由に関する面接官の違和感、不信感を払拭してください。

たとえばこういう人の場合

29歳女性、大卒。今まで3社に勤務。既に希望退職制度に応募して自己都合退職しており、今回4社目の転職で同業種・同職種への応募。

NG!

「先ほど述べた通りです。辞める必要がなければ辞めませんよね？」

⇨ 意固地になっているような発言は頂けません。

OK!

「確かにご指摘のとおり、客観的に見ると辞める必要はなかったのでは、と思われるのは当然と思います。

先ほど申した通り、前職では業績不振により、昨年夏から希望退職制度が始まり、これに応募して退職しました。35歳以下は本来この対象外だったようで、続けようと思えば続けられました。

しかし尊敬していた上司や先輩が次々と去り、私の会社や仕事に対するモチベーションは下がる一方でした。

士気が下がったままの状態でダラダラ仕事をするのは本意ではないし、このままでは周りにも迷惑をかけるとの判断から、きちんとけじめをつけて退職することにしました」

⇨ 先ほどは「前職では勤労意欲がわかず、けじめをつけ退職した」旨しか話さなかったのですが、ここで詳細に語ることで、納得のいく回答になっています。

Question
56 自己都合退職とありますが、詳細を教えてください

ブラックな就労環境だったなら、率直に語ってもらってＯＫ
わがままだったとしても、将来への決意で改悛の情を感じさせてほしい

ここは本当のことをストレートに言っていい場合と、表現を工夫しなければならない場合の2つに分かれます。


まず退職理由が、たとえばパワハラ、セクハラ、法令違反が横行するような劣悪な職場環境に耐えかねたのであれば、退職はもっともだと見なすでしょう。

「上司から執拗なパワハラがあり、前任者2人も退職。会社に相談したがスルーだった」と、事実と、いかに酷かったかをストレートに伝えれば良いのです。


一方で「上司が嫌だから辞めた」といった、単に応募者側のわがままに起因しているものなら、ストレートに伝えても面接官は納得しません。

たとえば、

「正直、上司とは反りが合わなかった。しかし今は私の我慢が足りなかったと反省している。同じ過ちを繰り返さないよう、次は腰を据えて頑張る」

と、潔く素直に反省の弁を述べた上で、将来への決意を語るようにしてください。

たとえばこういう人の場合

24歳女性、大卒。新卒入社した運輸会社で勤務中。今回は初めての転職で、異業種・異職種（コンサル職）への応募。

NG!

「上司が異常に細かい人で、少しのミスでも怒るので、さすがについていけず〜」

⇨ 言い訳がましいと、面接官の心証を悪くします。

OK!

「前職では、私の入社前の思いと会社の実情に大きな差がありましたので、自主退職しました。

新卒就活時代、私が希望していたコンサル職には、ご縁がありませんでした。当時はやむを得ず、内定を頂いた運輸会社に就職を決めたのですが、やはり自分とは方向性が違うため、入社してからもずっと煮え切らない思いを抱えたままでした。

入社2年目で辞めたことについては、周りから働く自覚が足りないと指摘されていますし、私も甘いところがあったと反省しています。

しかし今なら若いのでやり直しがきくし、決断したなら行動は早い方が良いし、やる気がないのに在籍していても会社にも迷惑がかかると思い、退職しました」

⇨ 退職に至るストーリーが端的で分かりやすく、また、わがままと思われる点について、きちんと反省の弁を述べることで、潔さを感じることができます。

Question
57
会社都合退職とありますが、詳細を教えてください

会社都合退職＝「クビ」とは決めつけていないからね
「私は悪くない」に終始せず、将来への思いや決意を言える？

本人に非行があって懲戒解雇となったケースは別として、会社都合退職＝「クビ」になったということで「ネガティブに評価されるのでは？」と怯《ひる》んでしまう方も多いようです。

しかし、コロナ禍の経営不振によるリストラで退職を余儀なくされたというケースは増えています。ＯＫ例のように、堂々とその内容を伝えてかまいません。

逆に、**ここで正々堂々と語らないと、面接官は不信感を募らせます。**事実は違うのに、「実は懲戒処分など、本人の問題で辞めさせられたのでは？」と疑われる危険性が出てきますので、ぜひ真正面から語ってください。

また、後ろめたさを回避すべく「私は悪くない、悪いのは会社だ」といった、自己防衛のオンパレードになってしまうことがあります。

確かに、自分のせいではない点は証明すべきですが、これが過度になると面接官の心証は悪くなるので注意しましょう。

たとえばこういう人の場合

29歳女性、大卒。新卒入社した会社で勤務中。今回は初めての転職で、同業種・同職種への応募。

NG!

「本来は自己都合だったのですが、ちょっと事情があったので会社に交渉して、会社都合にしてもらいました」

失業保険目当てでしょうが、会社と結託したという話は法的にも問題です。

OK!

「昨年末、私が在籍していた生産管理部門を中国の大連に丸ごと移管すると決まり、日本では勤務場所がなくなり、会社から退職を言い渡されました。こちらからは部長以上が行くことになり、スタッフは現地採用するようで、私だけでなく同僚も全員退職となりました。

仕事は面白くやりがいがあっただけに非常に残念でしたが、過去を引きずっても仕方がありません。

これも人生勉強と割り切って、次に向かって気持ちを切り替えています」

私情を入れず淡々と事実を語っていますから、面接官が不信感を持つことはないでしょう。また無駄に自己防衛に走っていないので、面接官も納得の回答でしょう。

Question
58
前職は円満退職でしたか？

円満退社が望ましいが、「そうでなければダメ」ではない
多少の問題なら許容範囲だが、反省とけじめを語ってね

円満退職なら、そのまま事実を伝えれば良いでしょう。

問題は、そうでなかった場合です。

たとえば上司と大口論の末オフィスを飛び出したまま、貸与品なども返還せずに退職してきたような場合、応募者にトラブルメーカーの傾向があるということで、面接官も怖くて採用できません。

しかし**多少のいざこざがあった程度なら、ＯＫ例のように、表現の工夫でクリアできます。**

たとえば「あのときは感情的になりすぎ、非常に反省しています。来週早々、会社に非礼を詫びに行くつもりです」と反省の弁を述べた後に、関係修復策について語るなどして、きちんとフォローすれば良いのです。

また、円満退社でなかった理由を「会社が悪い」、「上司が悪い」と責任転嫁しても、面接官にとっては聞き苦しいだけです。

多少なりとも自分に非があったなら素直に認め、真摯に反省の弁を述べた方が潔くて、面接官の心証も良くなります。

たとえばこういう人の場合

25歳男性、大卒。新卒入社した会社に勤務中。今回は初めての転職で同業種・同職種への応募。

NG!

「あそこは超ブラックでしたので、私に限らず円満退社など無理でした」

誹謗中傷のような話は、聞き苦しいだけです。

OK!

「残念ながら円満退社ではなかったです。退職当時、直属の上司である課長と非常にギクシャクしていて、これが退職理由のメインでした。未だに釈然としない思いを引きずっているというのが、今の私の偽らざる気持ちです。

ただし、いろいろありましたが、前職の会社には右も左も分からない私を一人の社会人に育てて頂いたことを、本当に感謝しています。

今はまだ退職時のゴタゴタによる気持ちの整理がついていませんが、これは時間が解決してくれると思っております。

この先転職が決まり、自分の気持ちが落ち着いたら、課長にはきちんとお礼のメールをお送りし、しっかりけじめをつけたいと思います」

円満退職でないことを正直に答えた後、本音や前職への感謝の気持ち、転職後の関係修復策に触れることで、素直さを感じ取ることができます。

Question 59

当社とご縁があった場合、いつ入社できますか？

改めて当社への思いや入社意欲を感じたい
時間がかかるなら、納得できるように説明してほしい

不採用を決めた人に、入社可能時期を聞いても意味がありません。

内定の可能性が高い人だからからこそ、具体的な入社タイミングを聞くことで、応募者の入社意思を確実に押さえておきたいと、面接官は思っています。

だから、**「内定を頂けたら、よく考えます」、「まず家族や友人に相談した上で決めます」といった歯切れの悪い回答だと、入社意欲が乏しいと見限られます。**注意してください。

「ぜひすぐ来てほしい」との要望に応じられれば良いですが、在職中だと現勤務先の退職手続きや引き継ぎなどで、応じられないケースも当然あるでしょう。

その場合、面接官は、

「今、担当している重責業務が今週で完了し、後任への引き継ぎを考えると、内定を頂いてから約1カ月は必要です」

というように、どれくらいかかりそうか、なぜそのくらいかかるのかを、きちんと伝えてほしいと思っています。

たとえばこういう人の場合

26歳女性、大卒。新卒入社した会社で勤務中。今回は初めての転職で、同業種・同職種への応募。

NG!

「今は他も複数社受けていますので、その選考状況によります」

⇨ 入社意欲が感じられない回答は避けましょう。

OK!

「内定を頂いてから2カ月後と考えています。すぐにでも御社で働きたい気持ちは強いのですが、在職中ですので、きちんと引き継ぎを完了させてから、円満退職したいと思っています。

2カ月と申したのは、現職の就業規則を確認したところ、退職の場合は2カ月前に届け出る旨記載があるのを事前に確認したからです。これまで退職された先輩方も、そのくらいかかっていました。

今は長期間に及ぶプロジェクトにも関わっていませんので、引き継ぎは2カ月あれば充分と見込んでいます。

もし2カ月では長すぎるようでしたら、もう少し短期にできないか交渉します」

⇨ 退職に必要な時間と理由をきちんと述べています。最後にその時間を縮める努力も伝えているので、面接官も入社意欲を感じてくれることでしょう。

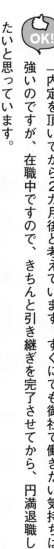

Question

60

今の会社を、すぐ辞めることはできますか？

面接官が知りたいのはココ！

「はい、すぐ辞めます」は求めてないからね できるだけ早い時期で実現する入社計画を、具体的に聞きたい

無難な質問よりも、こういった無茶振りの方が応募者の本性をつかみやすいので、あえて偏ったこの質問で、応募者の即応力を測ってみたい。面接官はこう思っています。

良かれと思って「はい、御社で働きたいので、今すぐ辞めます」と回答すると、現職の仕事を放り出す無責任で自分勝手な人ととられ、悪印象になるので注意してください。

確かに、次の転職先に自分の気持ちが移り、現職がおざなりになるのは分かりますが、現職の引き継ぎや残務処理をしっかりしない自分勝手さが前面に出すぎるのは、当然ながら問題です。

面接官も、すぐ辞めるのが難しいことはちゃんと分かっていますから、たとえば、「今すぐは在職中なので難しいですが、内定を頂きましたら、できるだけ早く入社できるように今の職場と調整してみます」と、縮める努力をする気持ちがあることと、できれば現実的にどれくらいの期間があれば退職が可能なのかを、きちんと語ってほしいと思っています。

たとえばこういう人の場合

34歳男性、大卒。現在まで3社に勤務。現職は5人の部下を持つマネジャー職。今回は4社目の転職で、同業種・同職種への応募。

NG!

「はい、もちろんです。現職はできるだけ早期に辞めたいと思っていますので」

⇨ 現職に配慮がない、自分勝手ととられる発言は慎むべきです。

OK!

「申し訳ございませんが、今はまだ在職中のため、すぐには退職できません。現職では申し出てから実際の退職まで約1カ月必要です。もちろん御社の入社タイミングについて、もっと早い必要があれば、現職と相談の上で可能な限り調整します。

ただ、私も現職ではマネジャーという管理職ポジションに就いております。自分の任務をきちんと遂行してきた自負がありますし、去り際をいい加減にしたくはありません。

しっかりと業務引き継ぎを終えた上で、気持ちよく御社に転職したいと考えております」

⇨ 今すぐには退職できない理由と共に、期待に応えようとする姿勢を感じられます。去り際やプロ意識について語ることにより、自分勝手さを排除できています。

Question
61
転職についての、あなたのお考えをお聞かせください

面接官が知りたいのはココ!

キャリア志向を知り、当社と方向性が合っているか確認したい
肯定・否定どちらでも良いが、甘さが感じられる話はいらないよ

「自分のキャリアアップのためには、転職に積極的に取り組むべき」、もしくは「転職はよほどのことがない限り避けるべき」といった、応募者自身のキャリアに対する考え方を、面接官はまず知っておきたいと思っています。

その上で、たとえば応募者に外資系企業のように転職を何度でも繰り返すことで地位を高めていく志向があるなら、時間をかけてじっくり人を育てる典型的な年功序列の日系企業にとっては、「お互いに目指すところが違う」となります。

応募者と当社の方向性が合っているかを、面接官は確認したいと思っているのです。

また、今は混乱の時代なので、安定志向が強く転職をネガティブにとらえている若手も多いのですが、「入社さえできれば、後は会社が一生面倒を見てくれる」は、もはや幻想です。

「他にもっと良い会社があるはず」も、同じように幻想です。

「考えが甘い」と思われない回答をすることがポイントです。

たとえばこういう人の場合

27歳女性、大卒。新卒入社した会社で勤務中。今回は初めての転職で、離職率の低い年功序列型の企業への応募。

NG!

「働き方は多様化しています。合わないならどんどん転職すべきです」

⇨ このままだと甘さが残ります。この後、納得のいく説明を展開してください。

OK!

「基本的に慎重であるべきと考えております。自分が仕事や社風に合っていないなどのネガティブな思いがきっかけなら、よけいにそう思います。

なぜなら、自分に完全に合う職場や仕事など存在しないし、自らがその組織や仕事に適応することが先決と考えているからです。

また、自己成長や自己実現のために、他社に簡単に移るのもどうかと思っています。周りの影響を考慮しない行動を私は快く思いませんし、他社でそれが達成できる保証もありません。

私は今回、前職の事業廃止により退職を余儀なくされましたが、転職は今回限りにしたいと思っています」

⇨ 転職への慎重なスタンスが明確で、離職率の低い応募企業と方向性が合致していることを予感させます。また、仕事や会社への甘さがないことも伝わってきます。

Question
62
転職回数が多いことを、どのようにお考えですか？

言い訳がましい話は聞きたくないよ
将来に向けて、やる気や覚悟を語れるかな？

転職回数が多いという事実は変えられないので、どう捉えているかを問うものです。

言うまでもなく、回数が多いのは明らかにマイナス評価になります。一概には語れませんが、**若手で3回以上なら多いでしょう。**

だからといって、一つひとつの退職理由を長々と説明すると、よけいにマイナス印象になります。


転職を繰り返したのが過去の話であることは、面接官も理解しています。

だからこそ、ここは過去をしっかり振り返り、簡潔に自分なりの弁明を述べることで真摯さ、誠実さ、潔さを伝えてください。

その上で、心を新たに応募企業で腹を据えて働く覚悟、たとえば、

「転職は今回が最後と決めております。チャンスを頂ければ、御社で全力を尽くして働きたいです」

といったように、入社意欲、勤労意欲をＰＲしてください。

たとえばこういう人の場合

30歳女性、大卒。現在まで4社に勤務。今回は5社目の転職で異業種・同職種への応募。

NG!

「いや、実は私が働いていた会社は、どこもおかしいところがありまして〜」

他責にして言い訳がましい話を展開すると、悪印象となります。

OK!

「今回で4回目になりますので、確かに多い方と自覚しています。すべて自己都合退職ですので、自分本位と見られても仕方がありません。20代半ばまでは些細なことでも会社に不平・不満を持ち、気に入らないことがあると辞めていました。

この点については、若気の至りとはいえ猛省しています。30代になり、甘いことを言っている場合ではないことは自覚しています。御社で任せて頂ける仕事があれば、コピー取りでも社内清掃でも進んでやる覚悟です。今後はブレることなく、しっかり根を張って働きたいと思っています」

転職回数の多さについて、年代別に気持ちの変化を述べて、反省の弁につなげています。その後で応募企業でのやる気を語るのは、非常に効果的です。

Question 63

転居を伴う転勤がありますが、大丈夫ですか？

面接官が知りたいのはココ!

求人情報を把握した上で面接に臨んでいる？
転居できない理由があるなら、納得できる説明を

今やフルリモート勤務の会社もある中で、こうした条件の企業を選んだ以上、まずその理解すら怪しい回答なら秒殺されるでしょう。

その上で、ＯＫなら「大丈夫です！　どこでも行きます」で完了です。

やっかいなのは、何らかの問題があるケースです。

かといって、**嘘は絶対に避けてください。**

転勤が難しい理由を、具体的に語って納得してもらえるかが勝負です。

たとえば「生まれ育った大阪を出たくないから」といった単なる希望なのか、「実家の母親の介護を家族で交代でしているので、今は転勤はできない」といった絶対に回避できない理由なのかが問題なのです。

前者は論外ですが、後者であれば、「期間限定の事情なので、それさえ認めて頂けるなら、ぜひ御社で働きたい」と、入社意欲を強くＰＲできれば、風向きが変わる可能性があります。

たとえばこういう人の場合

32歳女性、大卒。現在まで2社で勤務。今回は3社目の転職で、全国展開している企業への応募。

NG!

「今やリモートが当然の時代で、転居をしなくても働けますし、そういった働き方を推奨する企業も増えていますが、御社はそういった制度を導入されていないのですか？」

⇨ こうした逆質問は、かえってマイナスです。

OK!

「正直、今は厳しいです。父親の介護を家族総出の交代制でしていて、長男の私は一番の責任者だからです。

しかし来年、弟夫妻が海外赴任から帰国予定で、『今まで見てもらった分、自分が中心になる』と言ってくれています。下の子も来春、保育園に預けられるようになり、妻の行動範囲が広がるので介護施設への送迎を担当してくれます。

ですので今すぐは厳しいですが、来春以降なら遠隔地に配属になっても単身赴任で働く心づもりをしています」

⇨ 父親の介護という不可避な理由から、今は厳しいが先々は何とか対応できる旨を説明できています。これなら面接官も充分納得するでしょう。

Question
64

かなり遠くにお住まいですが、大丈夫ですか？

面接官が知りたいのはココ！

「大丈夫」は大前提の上で、理由を語ってほしい
通勤時間の有効活用策を聞かせてもらえれば、より高評価

コロナ禍も落ち着いてきて、通勤する流れも戻ってきています。

勤務地と住居が遠いのはよくある話ですが、面接官は、長距離にめげず毎日通勤できるかを聞いています。

「大丈夫」は当然です。**具体的なエピソードや明確な根拠等**を用いて、面接官の不安感を拭い去ってください。

たとえば、

「前職では片道1時間30分の長距離通勤を5年続けたので、問題ない」

「フルマラソンを10回完走し、体力には自信がある。2時間立ちっ放しの通勤でも平気」

「途中で始発電車に乗り換えれば毎朝座って通勤できるので、特に疲れは感じない」

といった理由や、

「通勤中は英会話教材を聞いている。充実して過ごせる」

といった工夫を述べると、非常に効果的です。

なお、「長距離勤務でも気合で頑張ります！」といった根性論では不十分です。

たとえば
こういう人
の場合

29歳男性、大卒。新卒入社した片道1時間20分要の企業を辞め、今回は片道1時間30分要の企業への応募。

NG!

「こういうご時世、できればリモート勤務か自宅から近い職場に配属して頂きたいです」

⇨ これでは求人情報をきちんと読んでいないと見なされ、秒殺です。

OK!

「はい、まったく問題ありません。

実際に計ってみたところ、ドアトゥードアで約1時間30分かかり、前職の通勤時間より少し長くなりますが、自宅の最寄駅が始発駅ですので、座って通勤できます。また、私は読書が趣味で、普段はなかなか時間を確保できないこともあり、通勤を活用して好きな読書に勤しんでいます。

たまにダイヤの乱れ等から、ずっと立ちっ放しで通勤する場合もありますが、中高大とサッカーをやっていて、今も週末に仲間とフットサルをやっていることもあり、足腰の丈夫さには自信がありますので、長距離通勤でも問題ありません」

⇨ 気持ちの面でも体力面でも問題ないことを、具体的なエピソードを交えて伝えることができています。

Question
65
希望する給与額を教えてください

「御社の規定に従う」を期待しているわけではないよ
求人情報の内容を元に、具体的な根拠に基づいて希望してほしい

好きな額を言って良い、ということではありません。

まず現職（前職）と応募企業の仕事内容を比較するなど、適正に算出する必要があります。

また、求人情報の中にきちんと**ターゲットプライス**（例：月収28万円～40万円）が表記されている場合は、この範囲で答えることが必須になります。


そしてここは現職（前職）から見て、現状維持、減額、増額のどのパターンであろうとも、**なぜその金額なのか**、明確な理由説明が必要になります。

たとえば、現状が年収４００万円で希望年収を６００万円とした場合、「前職退職後に、米国公認会計士資格を取得したので、これに見合った金額を希望します。私と同年齢の資格者の平均年俸が６２０万でしたので～」と、客観的な根拠を示してください。


なお、**「御社の規定に従います」**は、**「最低限の自己主張もできない人」と見なされる危険性がある**ので、筆者はあまりおすすめしません。

たとえばこういう人の場合

30歳女性、大卒。新卒入社した会社で勤務中。今回は2社目の転職で、同業種・同職種への応募。

NG!

「求人情報の下限の金額は避けたいですが、御社規定に従います」

はっきりしない回答でお茶を濁すより、きちんと希望額を伝えましょう。

OK!

「求人情報に掲載されていた30歳モデル年収の550万円を希望します。

というのも、現職では年収ベースで500万円でしたが、今回店舗マネジャー候補職ということで、管理職の立場に就くため現職よりも重責を担うこと、並びに販売業務だけでなく、スタッフの教育担当、シフト管理といった店舗マネジメント業務も担当することになり、業務範囲も広がるためです。

ただし、御社の私に対する評価や、規定があることも重々承知していますし、私は御社のこの仕事に魅力を感じていて、御社で働きたい気持ちが優先です。

この希望金額に固執することなく、幅を持って柔軟に対応させて頂ければと思います」

希望金額の算出根拠をきちんと説明した後に、希望金額に固執しない柔軟な姿勢もPRできていて、理想的な回答になっています。

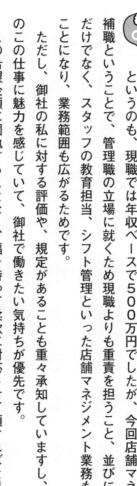

Question 66

現職（前職）より給与が下がりますが、大丈夫ですか？

受け入れてもらうのが大前提
その上で、入社意欲や入社後の給与アップ策をPRしてほしい

同じ仕事でも、給与額の支給基準は会社によって異なります。そのため「転職により給与ダウン」は充分にあり得ます。

いきなり増額交渉を持ち出すのは、もちろんNGです。面接官は、給与が多少下がるとしてもぜひ当社で働きたいという強い決意、覚悟を聞かせてもらいたいのです。

たとえば、

「御社の〇〇業務に就いて△△製品を扱いたい思いが強くて、今回の転職に踏み切った次第です。お金についてはあまり執着していません」

というように、受け入れ可能な理由をちゃんと説明してもらいたいと思っています。

さらに、低額条件をそのまま飲むのではなく、「入社後に頑張って今以上の給与をとる！」というPR、もしくは今までの実績や入社後の目標数字必達を約束するなどの「売り」を再アピールして「有能さ」を認めてもらい、年収アップを交渉する方法もアリでしょう。

面接官は、**有能な人材なら多少コストがかかっても欲しい**からです。

たとえばこういう人の場合

25歳男性、大卒。新卒入社した会社で勤務中。今回は2社目の転職で、現職よりも企業規模が小さい同業種企業の同職種への応募。

NG!

「大丈夫です、たとえ半分になっても御社で頑張ります」

⇨ 本当に半分でも大丈夫なのか、この後にちゃんと説明してください。

OK!

「はい、覚悟はしています。というのも、給与額よりも御社で働くことが、今の私の最優先事項ですので。

確かに給与だけについて言えば、現職と同等の額は頂きたいのが本音です。しかし実際まだ御社で何の実績もあげておらず、まだ誇るべき十分な経験・スキルを保有しているわけでもないので、贅沢を言える立場ではないと考えています。ですので、御社から提示される額に従いたいと思います。

ただし、入社させて頂く以上、一生懸命仕事に励み、必ず求められる以上の結果を出して、同年代の誰よりも高い給与が取れる人物になっていきたいと思います」

⇨ 給与について本音を語った後に、応募企業の条件を受け入れる理由を丁寧に伝えています。また入社後の頑張りも期待できますので、面接官も納得するでしょう。

Question
67
当社は残業が多いのですが、大丈夫ですか？

面接官が知りたいのはココ!

大丈夫が大前提だが、「24時間働きます」は白々しいよ
残業の多さに対する考えや対処法について、具体的に語ってほしい

「はい、24時間フル稼働できます」は、明らかに白々しいでしょう。

ここは残業の多さについてどう捉え、どう対処しようとしているか、具体的に説明することが求められています。たとえば、

「残業が多いのは覚悟しています。前職でも残業は日常茶飯事で、難なくこなしてきました」

といった覚悟や経験だけでなく、

「ただし、ダラダラ残業するのは会社にとっても社員にとっても良くありませんから、業務をもっと効率的に進められないかといった視点を持ち、生産性を向上させる不断の努力も必要と考えます」

と、残業の多さに対する**対処方法も述べる**ことで、面接官への訴求力が高まります。

一方、残業の多さによっては対応できないこともありうる、たとえば過労死ラインの残業があるなら、

「前職でそうした残業を経験したが、心身とも疲弊して継続勤務はできないと思いました」

という旨の納得できる回答をしておけば、問題ありません。

たとえばこういう人の場合

24歳女性、専門学校卒。新卒入社した会社で勤務中。今回は2社目の転職で、異業種・同職種への応募。

NG!

「月、水、木、金以外は対応できます。週4回、夜間の大学院に通学していて〜」

⇨ 残業できる日が限定的で、業務に支障が出ると見なされてしまいます。

OK!

「はい、対応できます。

前職では、今回の応募職種と同じウェブデザイナー職に就いていましたので、長時間勤務、長時間残業をこなして参りました。

この職業は、クライアントに認められる作品を創作しなければ、働いた時間そのものは評価の対象になりません。

また、高度な専門性を要するので、アルバイトのシフトでは対応できず、自分で最後まで責任を持って完遂しなければなりません。

だからやむを得ない事情があるならともかく、長時間残業に対応できないなら、この世界で働く資格はないと思います」

⇨ 今までの経験や仕事観から、残業について覚悟ができている旨を説明できています。いい加減に「大丈夫」と言っているわけではないことが、確実に伝わるでしょう。

Question
68
急な残業や休日出勤に対応できますか？

面接官が知りたいのはココ!

勢いだけの「できます！」は聞きたくないよ
できる・できない、いずれにせよ納得のいく説明を

「急な」がポイント。誰しもプライベートや日常生活がありますから、素直に「イエス」とは答えにくいでしょう。

もちろん「はい、御社のためなら24時間３６５日体制で頑張ります」では、面接官もうさん臭く感じるでしょう。

ここは緊急度によるでしょうが、基本的に「できる」なら、たとえば、

「入社後は御社の近くに引っ越す予定で、前々職でもそうした経験があるので対応できます」

といったように、過去のエピソードや具体的な方法論などを交えて語ってください。

できないのであれば、明確な理由説明が必要になります。

娯楽・遊興を挙げる人はいないと思いますが、

「妻も働いているため2人で家事・育児を分担しており、私だけが仕事を優先するのは難しいです」

というように、面接官にやむを得ないと感じてもらえる理由が必要になります。

たとえばこういう人の場合

33歳女性、大学院卒。現在まで2社にて勤務。今回は3社目の転職で、異業種・同職種への応募。

NG!

「急に言われても対応できない場合はあります」

⇨ 言い切りで終わるのではなく、対応できない理由もきちんと説明してください。

OK!

「状況によりますが、できるだけ対応します。そうした場合は高い緊急性があるでしょうから、他の所用よりも優先すべきと考えるからです。また私の経験上、そういった緊急性が求められるケースは、ある程度、事前に想定できると考えています。

たとえば前職では、納入後はどうしても様々な不具合が出ることが予見できていましたから、その時期に限ってはメンバー全員が臨戦態勢を取るようにしておりました。今はWi-Fi環境も整っていて、時間・場所を選ばなくても仕事ができますし、前職でもそういった対応をして、急場をしのいだことが何度かありました」

⇨ 対応しようとする意気込みや具体的な対応策、そして前職の経験を語ることにより、単なる思いつきで「できる」と答えたのではないことが分かります。

Question
69

子会社や関連会社への出向に対応できますか？

在籍出向なら拒否はＮＧだよ
転籍出向なら拒否はアリだが、納得のいく説明を

対応できるのであれば、「できます」で終わりですが、なぜできるのか、面接官はきちんと納得のいく理由を聞かせてもらいたいと思っています。

また、ここは「イエス」が必須ではなく、実は「ノー」と答えて良い場合もあります。

出向には在籍出向と転籍出向の２つがあります。

前者は、社員の籍はそのままなので、社内人事異動と同じ扱いです。

後者は、籍を抜いて次の会社に移るので、いわば違う会社に転職をすると同じ意味合いになります。

なので前者を受け入れないとすると、通常の人事異動も受け入れない人と見限られるでしょうが、後者は法的にも労働者の同意を取ることが必須になりますので、「ノー」も可能です。

たとえば、

「御社で働くことを強く希望していますが、仮に入社が叶っても、転籍出向となると希望とは大きく乖離してしまうため、今は受け入れがたいです」

というように回答すれば、面接官も納得でしょう。

たとえばこういう人の場合

29歳男性、大卒。新卒入社した会社で勤務中。今回は2社目の転職で、異業種・同職種への応募。

NG!

「えっ、それって、労働法規とかに抵触しないんですか？」

⇨ 感情的に食ってかかるのは論外です。

OK!

「はい、大丈夫です。

出向の経験はありませんが、友人も就職した会社の子会社に当たるカード会社に出向しております。

出向先から必要とされ、請われて行くわけですし、自分がやるべき仕事がある以上、どのような企業、職場であっても私はまったくかまいません。私にとっては大同小異な話です。

それよりも優先すべきことは、御社への入社が叶った場合、この業界はまったくの未経験ですから、できるだけ早く仕事を習得して、職場の皆様方に認めて頂けるようになることです。

まずは、そこに集中していきたいと思っています」

⇨ 出向に対する考え方を明確に伝えた上で、それよりも優先すべきことがあるとして、入社後の仕事を頑張るＰＲにうまくつなげています。

Column 07

「におい」と細部に要注意！

昨今は「スメルハラスメント（スメハラ）」という言葉も定着してきました。

人間の印象に最も残るのが「におい」だと言われています。悪印象を与えないよう気をつけなければなりません。

たとえば、ふだんから何気なくつけている香水やデオドラントスプレー。

悪気がなく、逆に良かれと思ってつけていたとしても、そうしたにおいがまさしく鼻につく可能性があります。面接本番では控えておくことをおすすめします。

もちろん、面接前に吸ったタバコや、面接前に食べたラーメンのニンニク臭はNGです。面接前は絶対にやめましょう。

最後に、身だしなみ全般です。面接に臨む前には、散髪する、爪を切る、ひげを剃る、革靴を磨いておく、といった細部にもぜひこだわってください。

言葉だけのやり取りだけで選考するなら、電話面接で十分なはず。

表情や服装といったビジュアルも含めたすべての情報から、面接官は当社にふさわしいかを判断するわけです。

わざわざ手を抜く必要はありません。

若手ということで甘めに見てもらえる部分もありますが、ライバル達に少しでも差をつけるため、細部にまで徹底的にこだわってください。

Part 6

「なぜそんなムチャぶりを？」……時事テーマや「想定外」への答え方

——「最近気になったニュース」、「１億円手に入ったら？」etc.——

Question
70
最近、気になったニュースは何ですか?

面接官が知りたいのはココ!

「ない」や古すぎるもの、事実誤認のものは論外
時事問題に対する感度や洞察力はあるかな?

最新のニュースに目を光らせておくことは、ビジネスパーソンとしての最低限の常識、教養を習得する基本作業とも言えます。

なので「新聞や雑誌は読まないので、特に思い浮かびません」や、2カ月以上前の古いニュースを選択してしまう。もしくはそのニュースを正確につかんでいないため「どこかの飲食店で調味料に何かいたずらをした、あのニュースが~」と曖昧だったり、そもそも事実と違うことを言ってしまうと、もちろんＮＧとなります。

よほど低俗的なものや、独断、偏りが過ぎるものでなければ、定番の経済、社会に限らずスポーツなどを選択しても問題はありません。

ただし、**なぜそのニュースなのか**、その起こった事由や背景にある社会・経済情勢、さらに今後に与える影響などを自分の言葉で端的にまとめて、そのニュース選択の感度や洞察力を面接官に感じてもらわねばなりません。

たとえばこういう人の場合

25歳男性、大卒。新卒入社した金融会社に勤務中。今回は2社目の転職で、同業種・同職種への応募。

NG!

「WBCでの日本選手の活躍です。みんな一生懸命ですごいなと思います」

⇨ スポーツでもかまいませんが、小学生の感想レベルではNGです。

OK!

「アメリカのシリコンバレー銀行の破綻の影響が広がっているニュースです。この衝撃が世界の金融市場を揺さぶっていますし、ドミノ倒しが起きるのではとの市場の不安は、まだ払拭できていません。

この銀行と類似した事業構造の銀行は軒並み株が売られ、前週比6割安となっているとのことです。

また今、GAFAMが大規模なリストラをしていますが、こうした銀行はテック業界との取引が深い分、より大きなリスクを抱えていると言えます。

日本でもリーマン・ショックが対岸の火事とはならなかったように、アメリカの一銀行の話で片付けられるかどうか、推移を注視したいと思っています」

⇨ 同業界への転職面接のため、金融関連のニュースを選択するやり方は、選択の感度が高く面接官の共感を得やすいでしょう。

Question

71

原発について、どうお考えですか？

時事問題について、最低限の知識を保有している？
理想論でなく、現実的な視点での意見を

時事問題を通じて、ビジネスに必要な**「現実的な考え方」**や**「要点をまとめる説明力」**をチェックする質問です。たとえば、

「原発には反対です、今すぐ全原発を止めるべきです」

などと、否定にしろ肯定にしろ明確に述べてもかまいません。

しかし反対派なら原発を止めた後のエネルギーはどうするのか、代替の太陽光や風力といった自然エネルギーで本当にすべてを賄えるのかといった点まで踏み込まないと、現実的ではない甘い考えの持ち主と見なされ終了です。

一方で、

「資源がない日本では、原発はエネルギー政策上必要です」

という肯定もＯＫですが、たとえば地震などの災害時対策や老朽化問題はどうするのか、核燃料廃棄物の処理はどうするのかといった点まで、きちんとフォローしないといけません。

つまり面接官は、反対、賛成いずれの立場でも、その立場をとる理由を、数字や事例を用いて分かりやすく伝えてほしいと思っているのです。

たとえばこういう人の場合

27歳女性、大卒。新卒入社した会社に勤務中。今回は2社目の転職で、同業種・同職種への応募。

NG!

「原発は反対ですが、今のように電気料金が上がるのも、ほんと嫌ですね」

⇨ 現実的でない幼稚な話は、受け入れられません。

OK!

「あの震災後の大事故を見る限り、原発は非常に高いリスクがあると認識していますが、今の電力需要を考えると、当面は現行システムを受け入れざるを得ないと思います。

徐々に廃炉にし、再生可能エネルギーに切り替えていくのが理想でしょう。

ただ、その方針だったヨーロッパ各国も、ウクライナ戦争の影響でロシアから天然ガスの供給が止まったため、原発再稼働に舵を切らざるを得なくなっています。

電気がない生活や社会は成り立ちませんが、とはいえ地球温暖化の観点から化石燃料ばかりにも頼れませんから、安全性を考慮しながら、原発とはうまく付き合っていくしか道がないと考えます」

⇨ 現実的な話に終始しつつ、自分の意見をきちんと分かりやすく説明できていますので、面接官も賛否に関わらず理解してくれることでしょう。

Question 72

当社では先月、能力不足を理由に試用期間で退職させられた人がいましたが、どう思いますか？

動揺させたいわけではないよ
「自分はそうならない」という理由を具体的に説明できる？

こう聞かれると、自分も同じことにならないかと動揺してしまうことでしょう。

「そんな厳しい会社なら辞退します」と答える人はいないでしょうが、ここは「そのような厳しい現実があったとしても、私はそうならないように、ぜひ御社で頑張らせて頂きたい」といった**入社意欲の高さ**を、面接官に感じてもらう必要があります。

また「私はその人とは違う」、「私は能力があるので心配ない」と、何の根拠も示さない回答では軽すぎます。自分の現状をきちんと認識し、厳しい環境でもどのように業務に臨んでいくかを、前向きに語ってください。

たとえば同様の経験があるなら「前職も、3カ月間ノルマ未達なら即退職といったシビアな環境でしたが、何とか3年間続けることができました」といった話を伝えて、自分は大丈夫だということをＰＲするやり方です。

たとえばこういう人の場合

24歳女性、大卒。新卒入社した会社に勤務中。今回は2社目の転職で、異業種・異職種への応募。

NG!

「厳しい会社なのですね、そういったことを聞くとものすごく不安です」

⇨ 動揺しすぎて弱気一辺倒の回答は頂けません。

OK!

「そうですか、そのようなことが先月あったのですね。

詳細な事情が見えないので、何とも申し上げにくいところがありますが、私にとっては非常に厳しい話のように感じます。

御社の今回の求人情報に『未経験歓迎』とありましたので、まったくの未経験ですが応募させて頂きました。

御社に入社が叶いましても、私にはすぐに役立つ経験やスキルがあるわけではありません。ただ、フットワークの軽さと、粘り強く努力できる点には自信があります。

御社で働かせて頂ければ、必要な人材と認められるように、全身全霊、覚悟を決めて一生懸命頑張るしかないと思っています」

⇨ 自分の実情と強みを語った上で、高い入社意欲、勤労意欲を宣言しています。根性論的な回答ですが、この場合はむしろこれくらいの方が良いでしょう。

Question 73

もし1億円が手に入ったら、どうしますか？

面接官が知りたいのはココ!

独創的なことでなくても良い　どうであれ、納得させる説明を展開してほしい

あくまで架空の話ですので、基本的に何を答えてもかまいません。

ただし、「当分は遊んで暮らします」、「これを元手にＦＸで一発勝負します」といった薄っぺらい回答では悪印象を持たれる可能性大です。

独創的な発想力とセンスを感じさせる回答ができれば最高ですが、面接本番で瞬時にやるのは困難。だから、ここは凡庸な回答でもかまいません。

それよりも、そうする**理由について、うまく話を展開してきちんと説明してほしい**と面接官は思っています。

たとえば「全額貯金します」はごく平凡ですが、これでＯＫ。

ただこの後にたとえば、

「不透明な時代ですから、将来のために全額貯金します。宝くじの高額当選者がかえって不幸になったというケースもあるようですので、たとえ急に豊かになったとしても、惑わされず地に足をつけて働いていきたいと思います」

というように、事例を用いるなどして、面接官を納得させてください。

たとえばこういう人の場合

27歳男性、大卒。新卒入社した会社に勤務中。
今回は2社目の転職で、異業種・異職種への応募。

NG!

「絶対にあり得ない話なので、なかなか想像できないですね」

⇨ 架空の話であっても、まずきちんと回答して、その理由を述べてください。

OK!

「1億円ですか。
私ならまず、7千万円と2千万円と1千万円に分けて考えます。
まず7千万円は私自身の貯金に回して、将来のマイホーム購入に充てます。
次の2千万円は、両親に感謝の意味を込めてプレゼントしたいと思います。
そして残りの1千万円ですが、これはウクライナ戦争で被災された方々のために寄付したいと思います。
1億円は非常に夢のある話です。ただ、今は御社に入社してバリバリ活躍するのが、私の一番の夢です」

⇨ そもそも言葉遊びの範疇ですが、使い道を分けるといった発想で、具体的にそれぞれの理由も端的に付していて、面接官にとって分かりやすい説明になっています。

Question
74
あなたを家電製品に例えると、何ですか？

家電製品であれば何でもかまわないよ
とっさに気の利いた回答ができるか、頭の回転の速さを見たい

新卒就活で定番の「自分を○○に例えると」シリーズの質問です。

選択は何でもかまいませんが、**なぜその選択か**、理由がチェックされます。

たとえば「私は電子レンジです」の後に、「何でもすぐに温めることができるから」といった意味不明な理由はＮＧ。「周りを和ませる私の長所が、電子レンジの解凍機能と似ているからです」といったように、家電製品と自分の類似点をＰＲにつなげていくようなやり方で回答してください。

あるいは、

「私は大型冷蔵庫です。周りから寛大さがあると言われていて、容量の大きい点が似ているのと、沈着冷静な性格で、争いごとの仲裁役を担うことも多く、周りの皆を冷やす効果もあるためです」

といったように、複数の類似点から語って「うまい」と面接官を唸《うな》らせれば最高です。

とはいえ、こうした回答はなかなか難しい。

しかしうまくいけば、ライバル達に「頭の回転の速さ」で大差をつけられます。

たとえばこういう人の場合

25歳女性、大卒。新卒入社した会社に勤務中。今回は2社目の転職で、異業種・異職種への応募。

NG!

「スマホです。スマホは様々な機能があって、非常に便利なツールだからです」

⇨ 応募者とどこが似通っているのか、分かりやすく説明する必要があります。

OK!

「空気清浄機だと思います。
先ほどの長所・短所を聞かれたときに回答した通り、皆の前に出たりリーダーシップを発揮するタイプではなく、縁の下の力持ち、裏方タイプです。
周りの空気や雰囲気を読んで協調しながら、場を和ませたりするのが得意です。そういった意味で、その空間の空気をきれいにして皆をリフレッシュさせる空気清浄機の機能が、私の普段の心がけ、取り組みと似ています。
また、目立たないけれども着実に仕事をする点も、私の普段の仕事への姿勢と同じですので、この空気清浄機に例えさせて頂きました」

⇨ 選択した家電製品と応募者の特性、仕事への取り組み姿勢といった類似点をはっきりと打ち出して説明しており、「うまい」と感じさせる回答になっています。

Question
75

日本でのキャビアの年間消費量は?

正確な数字の知識を求めているわけではないよ
仮説を立てて解を導き出せるかな? 論理的思考力はあるかな?

キャビアの関係者でない限り、正解を導き出すのは無理です。

類似の「日本の電柱の数は?」といった数量を問う質問は、正確な数量の知識を求めているのではなく、**論理的かつ説得力のある回答ができるか**を見たくて出てくるわけです。

そのため、とりあえず答えておけばと「50トン位かと」と回答しても、「根拠は?」と詰問され秒殺となります。

論理的思考力があれば、きちんと仮説を立てて確認、検証していく手順を踏んでいくことで確からしい答を導き出せます。仮定した数字が誤っているようであれば、数字を見直していくことでどんどん正解に近づいていくからです。

最終的な答が合っているかどうかよりも、その回答に至るプロセスに重点を置くという意味で、大学受験でいえば数学の論述問題の採点方法をイメージすると分かりやすいでしょう。

こうしたいわば理系センスによって、論理的かつ説得力のある回答をしてください。

たとえばこういう人の場合

33歳男性、大卒。今まで2社に勤務。
今回は3社目の転職で、同業種・同職種への応募。

NG!

「考えたことがないのですが、2トンくらいでしょうか？」

算出根拠が不明な回答はNGです。

OK!

「はい、計算根拠を説明しながら数量を求めていきたいと思います。
まず日本国内の消費量ですので、人口から考えていきます。
日本の人口が約1億2千万人ですので、この5％に当たる600万人が平均して2カ月に1回、フランス料理を食べるとし、1回の食事当たりスプーン1杯、5gを採ると仮定します。
また、この外食のフランス料理以外にキャビアは食べないと仮定します。
そうなると計算式は、600万人×6回×5gとなり、180トンと推定できます」

仮説に基づきながら、計算方法を説明するやり方で解を求める姿は、論理的思考力があると感じ取れます。
また感覚的ではなく、テキパキと計算する点に理系センスも感じ取ってもらえるでしょう。

Question 76

マンホールのフタは、なぜ丸いのでしょうか？

面接官が知りたいのはココ!

正解を知っているなら、それはそれでＯＫ
間違っていても、納得できるような発想力のある回答を

世界的なＩＴ企業の入社試験で出題されたものです。

正解は「丸型以外は、穴の直径よりも小さくなる角度があるためフタが落ちる危険性があるが、丸型はどの角度になっても同じなため、フタが落ちることがないから」となります。

しかし、正解を答えられなくてもかまいません。

この手の質問は、単に知識の有無を問うているのではありません。

知識がなければ、知恵を絞って考えて自分なりの答を出すといった、応募者独自の**発想力**をチェックする意味があるのです。たとえば、

「同じ日本でも東西で電気の周波数が違うように、きっと最初に誰かが考案して導入した丸い形状を慣習として続けてきたからです」

「パイプは円形が一番縦・横・斜めのどの角度からでも耐久力があり、マンホールも同じ理屈で作られているからです」

といったように、正解でなくても面接官に「なるほど、そういった発想もあるのか」と思わせれば良いのです。

たとえばこういう人の場合

27歳女性、大卒。新卒入社した会社に勤務中。今回は2社目の転職で、同業種・同職種への応募。

NG!

「申し訳ございません。存じ上げません」

知識の有無を問う質問ではないので、応募者なりの発想が必要です。

OK!

「マンホールのフタは鉄の塊ですから、人の手で簡単には持ち上げられず、マンホールまで運んだり穴にはめるのも一苦労と推測できます。

以前、同じ円形であるドラム缶を、斜めに立てて転がして運ぶ姿を見たことがあります。これと同じ理論で、円形だとタイヤのように転がして運ぶことができるから、あえてこの丸い形状にしていると思います。

また円形のフタだと穴にピッタリとはめるときにも、角がないために微調整しやすいでしょう。

こうした複数の実用面での理由から、丸い形状がベストという結論になったのだと思います」

応募者が考えた独自の理由を、自身の発想力を活用して分かりやすく伝えています。正解ではありませんが、面接官はこの発想を受け入れることでしょう。

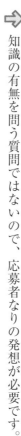

Column 08

不採用の原因分析はムダ！

残念ながら不採用通知が来たら、手間暇かけて敗因を分析する。

これはすごく重要な取り組みのように思えるかもしれませんが、実はまったく無駄です。

意外かもしれないので、説明しましょう。

そもそも不採用の理由について、きめ細かくフィードバックしてくれるのなら別ですが、今も昔も決してそうではありません。いわゆる「お祈りメール」のような定型文が送られてくるだけでしょう。

今まで通りのやり方を続けていれば良かったのに、自分勝手な分析によってわざわざやり方を「改悪」してしまい、さらに採用が遠のいていく、という残念すぎるケースを、筆者はこれまで嫌というほど目にしてきました。

たとえば、実はあなたは最後の2人まで残っていたが、ライバルの方がほんの少し優位だったといった情報は入手できません。なので、あれこれ考えるだけムダなのです。

そうした分析をする暇があったら、他にどんどん応募してください。

Part 7

ねらいが分かれば
９割クリア！
「圧迫系」への答え方

――キレたり逆質問は損するだけ！――

Question
77
あなたより年上が多いですが、大丈夫ですか？

「まったく問題ない」が大前提だよ
「問題ない」の根拠は？

ここは「まったく問題ない」が大前提です。

その上で、なぜそう言い切れるのか、根拠を説明しなければなりません。

平均年齢が高い会社が若手を採用する場合、「オジサンやオバサンばかりで歳の近い人がいないのがイヤ」といった若手特有の理由で、**すぐ辞めてしまわないかを面接官は非常に懸念しているため、こうした意地悪な聞き方で、当社に適応できるかを試しているのです。**

プライベートは別ですが、様々な年代の方と協調してやらなければならないのが仕事です。

よって面接官は、たとえば、

「前職では父と同年代の方とペアを組んでいました。ときには非常に厳しく指導され腹立たしく思った時期もありましたが、一緒に多くの時間を過ごすことで打ち解けることができました。退職した今、あのときの経験があるからこそ、どんな環境でもやっていけるようになったのだと感謝しております」

と、具体的なエピソードを交えて、柔軟な適応力があることを説明してほしいと思っています。

たとえばこういう人の場合

26歳女性、大卒。新卒入社した会社に勤務中。今回は2社目の転職で、同業種・同職種への応募。

NG!

「ちょっと合わないかもしれませんが、頑張って合わせていくようにします」

⇨ 前向きな回答ではあるのですが、このままだと面接官には不安が残ります。

OK!

「やりづらいかもしれませんが、適応したいと思います。仕事では年齢差はまったく関係がないと考えています。もちろん、先輩社員を敬う精神を忘れるつもりはありません。学生時代のように、同年代としか付き合わないのでは、職業人生はつまらないと思います。

人生経験豊かな先輩や上司から仕事以外にも学ぶべきことはたくさんあると思いますし、どんどん吸収させて頂きたいです。

いずれは私も逆の立場になりますので、業務だけではなく、このような体験も若手社員に伝えていければと思います」

⇨ 仕事に対する高い意識から、その置かれるべき環境を前向きに捉えていることが伝わり、面接官は安心感を持ってくれることでしょう。

Question
78
厳しい社員が多いですが、やっていけますか？

面接官が知りたいのはココ!

「やっていける」が大前提だからね
なぜそう言えるのか、根拠を

何かにつけて、いろいろと口うるさい社員がいる職場があります。
面接官は、**配属が想定される部署の風土、雰囲気を面接段階で伝えておこうと**、この質問をしています。

今の若手の特徴の一つとして、内向的で仲間内のコミュニケーションに閉じていることもあり、人間関係の煩《わずら》わしさを苦手としている人も多いようです。これを理由に辞めてしまう若手は少なくありませんから、まずこの点を確認したいのです。
「やっていけます」が大前提だとしても、**なぜやっていけるのか、面接官が納得できる説明を**展開しないといけません。

厳しすぎる人をわざわざ好む必要はありませんが、どんな職場でも自分と合わない人、「ムカつくこと」を言う人は必ずいますから、そうした環境でもうまく乗り越えられる根拠があれば、それも聞かせてほしいと思っているのです。

たとえばこういう人の場合

24歳女性、大卒。新卒入社した会社に勤務中。今回は2社目の転職で、同業種・同職種への応募。

NG!

「多いって、どれだけいるんでしょうか？ その厳しさの程度も気になります」

本音でしょうが、面接官を不安視させるような逆質問は控えておきましょう。

OK!

「そうした厳しい指導は、その人を育てようという強い思いの表れと前向きに考えるようにしています。

実際、指導が厳しかった高校の部活の先生から、この思いを教えてもらい、ずっと肝に銘じています。

またマザー・テレサの言葉にもある通り、無関心でいられるのが一番つらいので、何かと気にかけて頂けるのは良いことと、プラスに考えていきたいと思います。

仮におせっかいがすぎるようなことがあったとしても、私はもともと楽観的な性格で、気にしすぎずスルーできます。

こうした理由から、厳しい方が多くても問題なくやっていけると思っています」

厳しくされても、プラス思考で乗り越えられる期待感を抱かせます。自身の楽観的な性格にも触れ、根拠があることも伝わってきます。

Question
79
転職回数が多いので、当社もすぐ辞めるのでは？

転職を重ねた理由を、率直に聞かせてほしい
その上で、当社では辞めずに頑張る決意を

転職回数が多い事実は、ごまかしようがありません。退職理由のすべてが「会社が倒産したため」といったやむを得ないものなら問題なしですが、さすがにそれは稀でしょう。

ここは理由を伝えた上で、反省を述べるなどして誠実さを伝えましょう。

そしてその後に、志望動機や仕事への思いなどを交えて、「御社は辞めない」という決意を宣言してください。たとえば、

「新卒時は、何となく入社した会社で働きましたが、すぐに辞めてしまい、その後も自分のキャリアについて考えることもなく、『入っては辞める』を繰り返してしまいました。すべては自分の甘さのせいで、猛省しています。もともと大学で会計専攻だったこともあり、今回の失業期間を利用して、簿記とＦＰの資格を取りました。

年齢的にも今回をラストチャンスと捉え、この資格を活かせる御社の仕事に全力を尽くす覚悟です」

というように、転職回数の多さの**要因と反省、覚悟の３つ**を盛り込むと効果的な回答になります。

たとえばこういう人の場合

29歳男性、大卒。これまで5社に勤務。
今回は6社目の転職で、異業種・異職種への応募。

NG!

「今までの会社はひどい所ばかりでしたが、御社は違うと信じています」

⇨ 他責にするのは心証が悪く、反省も感じられません。

OK!

「20代で6社目になりますので、確かにご心配される通りだと思います。
転職の多さは自覚していますので、言い訳はしません。
今までは若気の至りで、少しでも気に入らないことがあると、次を探せばいいやとゲーム感覚で安易に転職していました。
しかし30代を目前に控え、今まで通りにはいきませんし、この夏には所帯を持つ予定ですから、甘えや泣き言は言っていられません。
転職回数の多さから、なかなか採用して頂けませんが、御社に拾って頂けるのであれば、働けるありがたさを噛みしめながら、一生懸命頑張っていく決意です」

⇨ 転職の多さの要因を赤裸々に語りつつも、過去をきちんと反省し、チャンスをもらえるなら応募企業でしっかり働くという決意が感じられます。

Question 80

不採用になったら、どうしますか？

動揺せず、逆手にとってPRできる？
別の角度からの志望動機を聞いてみたい

これは意地悪な質問で、特に応募企業への志望度が高いと動揺してしまうでしょう。

しかし、どんな圧迫系質問も「冷静に切り返す力」を見るためです。動揺している暇はありません。

面接官は、既述の**志望動機とは違った角度から、当社への熱い思い**をぜひ伝えてもらいたいと思っています。たとえば、

「御社の〇〇製品を、自らの手で売ってみたいという思いで今回、営業職に応募しました。今は何が何でも御社の営業職で働きたいという強い気持ちで、この面接に臨んでいます。ですので、不採用になったら非常に残念としか言いようがありませんし、申し訳ございませんが、今はそのことまで頭が回りません」

というように、志望動機などを交えて、応募企業への思いを語ってほしいのです。

逆に言うと、**ここは再度、応募企業への思いや志望動機を語れるチャンスなのです。**

仮の話を額面通りに受け取って、「残念ですが、そうなったら他を探します」といった回答をするようでは的外れだし、せっかくのチャンスをみすみす逃していることになります。

たとえばこういう人の場合

26歳男性、大卒。新卒入社した会社で勤務中。今回は2社目の転職で、異業種・異職種への応募。

NG!

「残念ですが、仕方がないですね。幸い他社の選考が進んでいますし〜」

⇨ 現実的な回答ですが、淡白すぎて応募企業への熱意が感じられません。

OK!

「先ほども申した通り、私は御社が第1志望で、御社で働いてみたいという思いが強く、今は不採用になった場合について具体的に考えるのはつらいというのが本音です。

だから今のこの面接の時間を1秒たりとも無駄にせずに、精一杯自分をＰＲし、また御社への思いをしっかりとお伝えしたいと思います。

ベストを尽くした結果、ご縁がなかったなら、そのときに改めてどうするか考えます。

大変申し訳ありませんが、今はそのような最悪な事態は想定したくないし、想定すべきでない、というのが私の答になります」

⇨ 動揺せず冷静に、自分の考えを語ることに成功しています。

また応募企業への入社意欲の高さをしっかりとアピールできていて、模範的な回答になっています。

Question
81

当社で働くには、少し経験が足りないようですが?

面接官が知りたいのはココ!

秒殺レベルの致命的な経験不足ではないよ
経験不足を補う今後の取り組みや勤労意欲を

若手ゆえに、応募企業が求める経験が不足している場合があるでしょう。

しかし、まったく足りないなら、とっくに書類選考で不採用になっているはず。

面接に呼ばれている現状を踏まえつつ、経験不足については下手に言い訳せず、素直に受け止めておきましょう。

「吸収力には自信があるので、経験不足はすぐに補えます」と**強気で押し切ろうとするのはNGです。**

大切なのは、この経験不足をどう補っていく心積もりなのかを、**入社後の具体的な取り組み**を盛り込みつつ説明できるかです。たとえば、

「この経理業務の経験不足を補うために、日商簿記1級取得へのチャレンジや、会計ソフトの操作勉強会への積極参加に取り組んで行きたいと思います。簿記については、A簿記学校の通信講座を受講中です」

といったように、入社が叶いさえすればOKではなく、具体的に目標を立ててキャッチアップしていくという自己啓発力・研鑽力をアピールしてください。

たとえばこういう人の場合

25歳女性、大卒。新卒入社した会社で勤務中。今回は2社目の転職で、異業種・同職種への応募。

NG!

「経験不足は、入社後の頑張り次第で、どうにでもなると考えています」

⇨ 開き直りと感じられる回答は避け、具体的な取り組みを語りましょう。

OK!

「確かに経験不足と自覚しています。

御社の求人の『求める人物像』に『実務経験3年以上』とありましたが、私の経験年数は達していません。

しかし、この経験不足は、仕事への高いモチベーションを維持しつつ、とにかく目の前の業務に集中して日々補っていくしかないと思っています。

大学の同窓で、御社に新卒入社した友人に3年遅れて入社することになりますが、この年数差を埋めて追い越すのは、並大抵の努力では難しいでしょう。

オフの時間もフル活用して、最短で周りに追いつけるように、一生懸命頑張りたいと思います」

⇨ まず素直に指摘を受け入れた上で、自分の考えをしっかりと展開できています。またオフの時間活用にも触れることで、その本気さが伝わることでしょう。

Question
82
自己PRにあった「忍耐強さ」が、まるで感じられないのですが？

面接官が知りたいのはココ!

なぜこう言われるのか、冷静に分析してほしい
その上で、新たなエピソードを加えるなどして納得させてほしい

ここはたとえば、

「そうでしょうか？　先ほど申した通り、約5年間、飛び込みセールスをしていましたので忍耐強いと思います」

と、自己PRを再度なぞるだけでは足りません。

「まるで」と厳しく指摘されているわけですから、なぜそう見られるかの分析を説明した後に、プラス方向に転じさせる切り返しが求められます。たとえば、

「やせ型で色白なので、初対面では少々頼りなく映るようです。

自己PRについて補足させてください。前職は非常にノルマの厳しい職場で、営業現場では露骨にイヤな顔をされたり、頭越しに上司に『もっとベテランに来させて』と言われるなどが日常茶飯事でした。このため30人いた同期が5年後には私を含め2人になっていました。

そうした現場で生き残ったので、『忍耐強さ』は人並以上と自信を持っております」

と、自己PRを補完する**新たなエピソード**を付け加えて、切り返してください。

たとえばこういう人の場合

27歳男性、大卒。新卒入社後、2社で勤務。今回は3社目の転職で、同業種・同職種への応募。

NG!

「それは眼力の問題であり、お言葉ですが無礼では。そんな指摘を受けたことは今まで一度もありませんが」

⇨ ムキになって反駁するのはご法度。再度説明してください。

OK!

「『忍耐強さ』を感じて頂けないのは、ひとえに私の説明不足・力不足によるものです。申し訳ございません。再度ＰＲさせてください。

プライベートのことなので先ほどは話しませんでしたが、小3から柔道を続けています。特に中高では、先輩の理不尽なしごきに耐え続け2段を取得しました。

また少々古い話になりますが、大学時代のラーメン店のアルバイトでは、厨房係を任され、夏場は40度を超える中、8時間の立ちっ放し作業を3年続けたこともあります。

御社の業務とは直接関係がない話で恐縮ですが、このような経験からも、忍耐強さには絶対の自信があります」

⇨ 素直に指摘を受け止めた後に、先ほど話せなかったエピソードを盛り込むことで、納得のいく回答に仕上がっています。

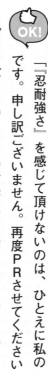

Question 83

「やる気」をアピールされていますが、働く以上当然では？

面接官が知りたいのはココ！

若手だから、やる気をPRせざるを得ないのは分かるよ
売りとなる経験・スキルがなければ、ポテンシャルを感じさせてほしい

冷や水をぶっかけられた心境になる人も多いでしょう。

若手ゆえ経験・スキルがまだ乏しいため「やる気」一辺倒のPRにならざるを得ないのは、仕方がありません。それは面接官も理解しています。

その上で、それ以外の**新しい「売り」**を語ってもらいたいのです。

もちろん、経験・スキルがあればそれを、なければ入社後の活躍が期待できるような**ポテンシャル**を感じ取ってもらう方法でPRするしかありません。

たとえば、

「確かにそうですね。入社意欲が強すぎるあまり、ついやる気だけが先行してしまいました。前職では、新商品発表会のプレゼンターを担当し、多くの聴衆相手でもひるまない度胸や話し方、パワポの資料作成ノウハウを身につけました。

この経験は、未経験業務でも必ず役立つと思っています」

というように、応募企業で活用できそうな経験・スキルを語るなどして、うまく切り返してください。

たとえばこういう人の場合

24歳女性、大卒。新卒入社した会社で勤務中。今回は２社目の転職で、異業種・異職種への応募。

NG!

「実績がまだありませんが、やる気だけは誰にも負けないくらいあります」

⇨ ここは「やる気」一本で押さないで、違うＰＲを持ってきましょう。

OK!

「社会人経験も浅く、また未経験への応募ですので、売りとなる経験やスキルがまだありません。そのため『やる気』を全面的にアピールする結果になってしまい、大変失礼いたしました。

ご指摘の通り、プロとして働く以上、やる気があって当たり前だと思っております。ただ、私はやる気だけの人間ではありません。

たとえば、幼少から武道でメンタルを鍛えました。厳しい稽古を乗り越えた数々の経験を思い出せば、つらいことがあっても全然平気です。

断られてナンボの新規開拓営業は精神的につらいと聞きますが、この強みを武器に、全力で取り組みます」

⇨ 指摘を受け、自分の言動を反省しつつも、「やる気」以外のＰＲについてエピソードを交えてうまく訴求できています。

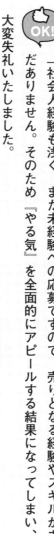

Question
84

同じPRを繰り返していますが、他には?

他のＰＲも伝えるチャンスと捉えてほしい
一番の売りと、他の売りを連動させてくれると納得感がアップするよ

「自己ＰＲ」を問われたときはもちろん、その他の質問でも「できるだけ自己ＰＲにつなげるように話す」は常套手段です。

しかし、あまりに１つの要素に偏ると、このように突っ込まれることがあります。

厳しい質問ですが、逆に**「その他の売りをアピールできる大チャンス！」**と考えてください。

なお、「いや、私の売りはやっぱり行動力です。たとえば～」と、あえて一点集中型で行く戦略もありますが、「意固地な人」と低評価につながる恐れがあるので、他の新しいＰＲを持ち出すようにしてください。

そしてもう１つ。先にＰＲした要素が「行動力」であったとして、新しく持ち出す要素をたとえば「ねばり強さ」にすれば、

「新規開拓のため１００社を訪問し、半年かけて30社との契約に持ち込んだ」

といったアピールがしやすくなります。

複数のＰＲ要素を**連動させたエピソード**には、説得力があります。ぜひ意識してください。

たとえばこういう人の場合

27歳男性、大卒。新卒入社した会社で勤務中。今回は2社目の転職で、同業種・同職種への応募。

NG!

「先ほど申した通り、行動力は最も重要と捉えています。たとえば～」

⇨ 同じＰＲ一辺倒の回答は、「意固地で応用がきかない」とマイナス印象になります。

OK!

「先ほどの『ねばり強さ』の繰り返しになってしまい、失礼いたしました。他のＰＲとして『相手の立場に立って考え行動できること』があります。

前職では『ねばり強さ』を発揮して成約件数を増やしましたが、数字欲しさに、つい強引な営業をすることがありました。トラブルも増えてきたため、基本に立ち返って顧客本位の姿勢を徹底するようにしました。

これにより、お客様に丁寧かつ真摯に向き合うことができ、ウィン・ウィンの関係を築けるようになりました。

その結果、お客様からのご紹介商談が、前年度比で約3倍に増えました」

⇨ 一番のＰＲと別のＰＲを連動させて語ることで、単発で終わらず、応募者の引き出しの多さをうまく伝えることができています。

Question
85

会社都合退職というのは、必要とされなくなったということですね？

面接官が知りたいのはココ!

会社を批判するような開き直りは聞きたくないよ
反省と、当社入社後の決意を

ここでは懲戒解雇、指名解雇といった特殊な例は除外し、本人に非がない場合の会社都合退職であるケースとします。

面接官は、前職で**必要とされたか不要だったかの白黒をつけたいのではありません。**客観的に、会社都合退職について振り返ってほしいと思っています。

ただし、退職させられているのは事実なので、「必要とされなくなったわけではない」と反論するよりも、「確かにそうかも」と肯定した上で自身を振り返り、反省や今後どうしていきたいのかを冷静沈着に語る方が得策です。たとえば、

「ご指摘の通り、同期の一部は本社に残りましたので。ひとえに私の力不足と真摯に反省し、御社に入社が叶いましたら、普段から継続的にビジネススキルを磨く努力を積み重ねていく覚悟です」

というように、反省の気持ちや入社後の決意をしっかりと伝えてください。

たとえばこういう人の場合

30歳女性、大卒。新卒入社した会社で勤務中。今回は2社目の転職で、異業種・同職種への応募。

NG!

「それは嫌味でしょうか？　パワハラが叫ばれるご時世、少々失礼がすぎるのでは～」

⇨ 圧迫系質問に感情的に回答するのは、得策ではありません。

OK!

「確かに、そう見られても仕方がないと思います。

前職は外資系企業でしたが、昨今の日本の市況感の悪化から、本国が私の所属する事業部の一部廃止を昨年末に決め、その後３カ月間に大幅な人員整理を行うこととなりました。その際に私も対象となり、退職を余儀なくされました。今は事業部長クラスと一部の社員が残っています。

つらい思いをしましたが、御社に入社できましたら、御社で働ける喜びを最大限に感じることができると思います。

この悔しい思いをバネにして、私を切ったことを前職に後悔させるくらい、御社で頑張って結果を出したいと思っています」

⇨ 退職を冷静に振り返った上で、前職でのつらい経験がむしろ仕事に対するモチベーションを高めてくれたと、前向きな姿勢をうまくＰＲできています。

Question
86
自己都合退職というのは、わがままということですね？

面接官が知りたいのはココ!

「わがままではない」と感情的になるのは論外
既述の退職理由と整合性のとれた退職理由を再度語ってほしい

あえて「わがまま」という言葉で感情を逆撫ですることで、前項の質問と同じく、感情的にならずに客観的に自らの退職について振り返ってほしいと思っています。

一番のポイントは、**先に回答しているはずの「退職理由」とブレがないこと**です。

「確かにわがままですね。実は上司と大ゲンカしていづらくなり〜」では、いくら事実でもNGです。たとえば、

「おっしゃる通り、わがままと思われても仕方がありません。先ほど申した通り、昨年から勤務体系が変更され、毎月80時間ほどの残業が発生し、体力的にかなり厳しかったです。今まで普通にできていた自己啓発にも支障が出てきて、5年間継続していた大学の聴講生制度にも参加できなくなっていました」

と、前述の「退職理由」とブレずに**追加情報などで補完して**、改めて退職について詳細を語ってください。

たとえばこういう人の場合

32歳男性、大卒。今まで2社で勤務。今回は3社目の転職で、異業種・同職種への応募。

NG!

「確かに、前職は人間関係のいざこざが嫌で辞めたので、その通りかと～」

⇨ 事実だとしても、この後に説得力のあるフォローが必要になります。

OK!

「わがままと指摘されても仕方がありませんが、詳細をお伝えさせてください。

先ほども少し触れましたが、前職採用前には、前々職でのべ3店舗を運営していた実績を買って頂き、店長職として店舗全体の管理を任せるとのことでした。

しかし前職の店舗管理とはやり方が大きく異なり、本社からの指示が細部に及ぶため、店長の仕事はアルバイトのシフト表作成くらいで、お飾り管理職でした。

その上、店の目標数字達成は絶対で、月末には自腹を切って自社商品を購入することもしばしばでした。

このような理不尽さから士気も低下する一方で、継続して働くのは難しいと考え退職した次第です」

⇨ 既述の退職理由について、前職と前々職の違いを持ち出すなど、再度詳細まで踏み込むことで、納得のいく説明ができています。

Question
87 多趣味のようですが、仕事は二の次ですか？

趣味があること自体は好印象
趣味が仕事にも役立っているなら、詳しく聞かせて

趣味に没頭するのはかまいませんが、度が過ぎて仕事に影響が出るのはＮＧです。実際、昨今では「仕事より趣味が大事」というスタンスの若手も珍しくありません。だからこそ「仕事に対する真剣度」を伝えてもらい、その上で趣味と仕事を**両立させることに対する姿勢**を感じさせてほしいと、面接官は思っています。

さらに、趣味が仕事へ好影響を与えることもあるわけで、そのようなエピソードもあれば、ぜひ語ってほしいとも思っています。たとえば、

「私のような多趣味な人間は、仕事ができないとすべて趣味のせいにされてしまいます。そのため一定以上の成果を出し続けることが必須だと考えています。

それに、趣味といえども結果にこだわる方なので、限られた時間で結果を出す『高い集中力』を体得することができました。これは仕事でも役立っています」

と、趣味が**仕事に好影響を与える話**をした上で、趣味に熱中しても仕事には影響がないことをきちんと証明してください。

たとえばこういう人の場合

28歳男性、大卒。今まで2社に勤務。今回は3社目の転職で、異業種・異職種への応募。

NG!

「いや、趣味はあくまで娯楽にすぎません、今は仕事に夢中です」

⇨ 趣味に傾倒している事実を、無理にごまかして話す必要はありません。

OK!

「確かに、趣味は私の生きがいの1つです。今まで様々なものに取り組みましたし、趣味は人生を豊かにしてくれるものだと思っています。また、趣味の1つであるテニスやゴルフは健康増進につながり、職場では出会えない人とも交流できて、その仲間からの紹介で大型商談に結びついた例もあります。しかしその一方で、仕事にも真剣勝負で臨んでいます。そもそも生活の糧である仕事が成り立っていないと、趣味どころではありません。もともと何事も極めないと気がすまない性格ですから、仕事も趣味も常に全力投球で取り組んでいて、もちろん仕事を疎かにしたことはありませんし、今後もするつもりはまったくありません」

⇨ 仕事への真剣さや、趣味と仕事との関係性をうまく説明することで、面接官が最も懸念する「趣味への没頭による仕事への悪影響」を払拭できています。

Question

88

あなたの素晴らしい経験やスキルは、当社では活かせないと思いますよ？

面接官が知りたいのはココ!

高スペックについては、謙遜も誇示も不要だよ
なぜ当社で働きたいの？　何をしたいの？

この質問は、募集要項よりオーバースペックな人に対して出されます。

答えるべきポイントは次の３点です。

まず**「自分の位置づけ」**。客観的に今いる位置を把握できているかを明言してください。

次に**「応募企業への入社意欲」**です。なぜ当社で働きたいのか、何をやりたいのかを明確に伝えましょう。

最後に**「入社後の働く覚悟」**です。「こんなことまで私がやるの？」といったことがないよう、確固たる気持ちを宣言してください。たとえば、

「確かに前職では、国際会計基準や連結決算など、高難度な会計にも従事しておりましたから、国内１社のみの御社で直接活かせる場面はないかもしれません。

しかし、私は会社全体の数字を把握して経営層に提言していく、今回募集の職種に就きたいのです。仕事の進め方や社風などに違いがあるのは承知しております」

というように話せば、３つのポイントをクリアできます。

たとえばこういう人の場合

33歳女性。大卒後2社に勤務。今回は3社目の転職で、現職と比べて規模が小さい同業の同職種（人事職）への応募。

NG!

「いえ、私はそんなに高いスキルを保有しているわけではありません」

⇨ ここでは謙遜さは不要。自分のポジションを把握していない表現は控えましょう。

OK!

「ご指摘の通り、私は約11年間、大手企業の人事職員として人事を一通り経験してきましたので、人事としての豊富な経験とスキルには自信があります。

2年前に課長に昇進し、今は現場担当の部下の管理と各事業部との調整が主業務となり、私が現場に行くことはなくなりました。

しかしやはり私は採用に立ち会ったり講師をしたりして現場業務に携わっていたいし、その方が自分の力を活かせると思います。

そのため、プレイングマネジャーのような、現場も管理も両方やる仕事が最適と思い、今回応募させて頂いた次第です。

この思いが実現できるなら給与が下がろうと全然かまいません。覚悟はできています」

⇨ 前職と応募企業の職種とを比較しつつ、自分の位置づけ、入社意欲、入社後の覚悟を語ることで、高い説得力が感じられます。

Question
89 高い実績を残して待遇も良いのに、なぜ辞めるのですか？

面接官が知りたいのはココ!

退職に関して不審な点はないだろうね？
前向きで先を見据えた退職理由なら、ぜひ聞かせてほしい

このご時世、成果を出せる力と環境があって、かつ好待遇なら、普通は退職しないはずなので、今回の退職には「トラブルを起こした」といった**マイナスの理由があるのか、それとも前向きな理由があるのか、そこをぜひ説明してほしい**と、面接官は思っています。

たとえば、「確かに現職では顧客に恵まれ、高い実績を残すことができました。続ける道もありましたが、元々志望していた○○の方向に進むべく退職を決意した次第です。

確かに転職には不安もありますし、周りからももったいないと言われていますが、この先○○で食べていくという決意は固く、1年前から準備してきましたので、決意は揺るぎません」と、現職の良さを認めた上で、前向きで先を見据えた自身の計画に基づく退職なんだということを語ってください。

なお、「いや、私の上げてきた実績からすると、とても厚遇とは言えないですよ。だからもっと評価してくれる〜」といった不満に基づく退職理由は控えましょう。

たとえばこういう人の場合

29歳男性、大卒。新卒入社した会社で勤務中。今回は2社目の転職で、異業種・異職種への応募。


NG!

「営業職として、今以上のキャリアアップを図るためです」

⇨ 抽象的なので「何か不審な点を隠す意図があるのか？」と勘繰られてしまいます。

OK!

「確かに、それなりの実績も上げてこれましたし、給与や休みも競合他社より多く、待遇も良いと思います。

転職活動をするほど、これを実感します。

しかし父と兄が一級建築士の仕事をしている関係で、前々から住宅に関わる仕事に就きたいという思いが強くありました。

異業種にチャレンジできるのは30歳までと言われていますから、今しかないと考え現職を辞めることにしました。

もともと安定志向があるわけでもなく、待遇の良さで進路を決める性格でもありません。念願の職業に就けるなら、条件はゼロからのスタートでもかまわないと思っています」

⇨ 謙虚に前職の恵まれていた実情を語りつつ、自分のキャリアへの思いにシフトして退職に至る経緯を丁寧に説明できています。

Question

90

あなたのその思いは転職しなくても、現職の社内異動で実現できますよね？

面接官が知りたいのはココ!

「社内異動を試みたがダメだったので転職」はNG
当社の応募職種への熱い思いを聞かせてほしい

たとえば「営業から広報へ」というように、違う職種への転職を志望した場合に、こうした詰問が出されます。

最大のポイントは、「社内異動を試みたが叶わなかったので、やむを得ず御社を志望」という流れは**絶対にNG**ということ。単なるその職種志望ではなく**「御社でその職種に就きたい」**ということをＰＲしなければなりません。

だから額面通り受けて「そうなんですが、何度社内異動の希望を出しても叶わなかったのですよ」と、そのまま伝えたらダメなのはお分かりでしょう。それよりも、

「私がやりたいのは、御社の○○職であって、○○職であればどこでもいいわけではありません。今、御社は経済発展著しいインドで事業を展開し、その中でも成長分野に特化した製品を次々と投入しています。その躍動感、ダイナミズムを感じられる中に身を置き、私も○○職として、御社とともに成長していきたいのです」

というように、応募企業に焦点を置いて、熱い思いを語ってください。

たとえばこういう人の場合

30歳男性、大卒。新卒入社した会社に勤務中。今回は2社目の転職で、同業種・異職種への応募。

NG!

「会社に聞いたことはないのですが、多分そういったのはできないと思います」

⇨「現職でも希望職種に就ければ問題ない」と感じられるような回答は受け入れられません。

OK!

「確かに現職でもジョブチャレンジ制度というのがあり、志望する職種に異動するチャンスはあります。

しかし、仮に購買部に社内異動できたとしても、今の購買・調達は外注任せで私が本当にやりたい国際調達に携われません。だからこの制度への応募は毎年、見送ってきました。そのような中で、国際調達をメイン業務とする御社の求人を見つけ、応募させて頂いた次第です。

御社と競合となる同種製品を扱っていましたから、製品の特性や材質には一定の知識がありますし、必須となる語学力も磨いてきましたので、未経験の職種ではありますが、早い段階でご期待に応える自信があります」

⇨現職では叶わない業務が応募企業にあること、そして扱う製品に造詣があることから、応募企業でこそ実力を発揮できることをうまくＰＲできています。

Question
91
前職を退職して半年以上経過していますが、真面目に転職活動をやっていないのですか？

変にごまかさず、実情をきちんと説明できる？
何が原因なのか、自分なりの分析を

真面目に取り組んでいるのであれば、このように詰問されても**凹まず毅然とした態度で**、転職活動の具体的な取り組み内容を説明してください。たとえば、

「確かに今、進路が決まっていないので、その指摘を受けるのも仕方がないと思います。しかし最終面接まで進んだこともありますし、地方での転職活動で30歳超となると応募可能求人自体が少ない事情も、ご理解頂ければ幸いです」

と、**実情を具体的に**話してください。サボっていたのであれば、後述のＯＫ例のように必ず反省を述べてから、回答を展開するようにしてください。

いずれの場合でも、なぜ決まらないかという**要因分析**を説明してください。たとえば、

「私の希望の○○職は、そもそも求人が極端に少なく応募すらできない状況です。また私は、業務経験は豊富なのですが、ずっと契約社員だったということで、補助的な業務しかできないと見られているようです」

といった感じです。

たとえばこういう人の場合

32歳男性、大卒。新卒入社した会社に勤務中。今回は2社目の転職で、同業種（不動産）・同職種への応募。

NG!

「私の希望を満たす会社がなかなかないもので。ただ、まだ失業保険もありますから～」

⇨ 30歳を超えた人が、こうした甘えの目立つ幼稚な回答をしてはいけません。

OK!

「おっしゃるとおりです。転職を甘く見ていたと反省しています。

実は前職退社後、約3カ月は充電期間と称して、のんびり過ごしていました。その後の2カ月は、そろそろ準備しないとと思い、転職サイトへの登録などを始め、先月から本格的に活動を始めた次第です。

今は前職で3年経験した事業用地買収業務を中心に応募しています。現在までに6社ほど受験していますが、この業務はニッチで、すでに飽和市場で物件が動かないことから、募集自体が少ないのも要因と見ています。これ以上失業期間が長くなるのは望んでいませんので、最近は今回の住宅・リフォームの営業職まで範囲を広げています」

⇨ 最初に反省の弁を述べた後に、応募者なりの要因分析を説明し、今後の取り組みを話すことで、面接官も真面目さを感じ取ってくれることでしょう。

Question
92 これまでなぜ、正社員になれなかった（ならなかった）のですか？

言い訳せずに、事実を素直に認めてほしい
その上で、正社員で働く意欲や思いを聞かせてほしい

正社員になれなかった事実は変えられませんから、ここで「いや、非正規でもこういったスキルと経験を身につけているので、何ら問題はない」といった反論は、言い訳がましくなります。

「前の勤務先では正社員登用制度の運用が厳格で、私だけでなく職場の同じ立場の人も正社員になれなかったから」、

「正社員の求人に何度か応募したが、なかなか採用されなかったから」

といった事実に基づいた回答は、力不足を露呈するリスクがあります。しかし変に反論して訝《いぶか》しがられるよりは、**経緯や事実を誠実に語る方が得策だ**と筆者は思います。

指摘は真摯に受け入れて、今までの経緯を認める素直さ、誠実さを前面に出しましょう。

その上で、正社員で働きたい思いを熱く伝えるべきです。

安定しているから、給与が良いからという待遇面での動機よりも、正社員でしか叶えられない仕事のやりがいやステップアップへの可能性など、**仕事に関する部分で、その熱い思いを伝**えてください。

たとえばこういう人の場合

24歳男性、高卒。フリーターとして飲食チェーン店に勤務。今回は正社員への応募。

NG!

「いや、頑張って仕事をやってきたので、スキルは正社員レベルだと思っています」

⇨ いくら反論しても、なれなかった事実は覆りません。

OK!

「高校時代からバイトしていたこともあり、高校卒業後もそのまま、その店舗でフリーターとして働くことにしました。

時間の経過と共に、任される仕事も多くなり時給も上がって、4年目にはバイトリーダーとして総勢15名のバイトのシフト管理を任されるようになりました。

ズルズルとここまで来たのは、年長者ということで居心地が良かったせいもあるのですが、仕事に対する認識が甘かったと反省しています。

やはり正社員は、今までの非正規とは責任の重さがまったく違うけれども、その分今まで体感できなかったやりがいも得られると思っています。

御社で働く機会を頂きましたら、甘い考えは捨て去り、全力で頑張る覚悟です」

⇨ 今までの経緯を通じて、自身の反省や振り返りを素直に述べ、入社後に正社員で働く思いも素直に語る。これなら面接官も納得でしょう。

Question

93

A社から内定ありとのことですが、あなたならA社の方が向いていると思いますよ

面接官が知りたいのはココ!

A社をこき下ろして、「だからA社は向いていない」はNG
「A社も良いけど、それ以上に当社」という入社意欲を語ってほしい

他社からの内定をPRすると、こうした詰問を受けます。

もちろんA社を勧めているわけではなく、**「当社入社への思いを改めて強く語ってほしい」**という主旨です。

応募者の目線から、A社と応募企業との差異を分析し、応募企業の優位性や自分の志向とマッチしていることなどを語るのが、非常に効果的な伝え方になります。たとえば、

「A社も良い会社だと思いますが、私が働きたいのは御社です。

A社はこの業界では老舗で『40歳になって初めて一人前』という考えでじっくり人を育てていく人事教育制度があると、面接時に伺いました。

一方で新興企業である御社では、先日の『仕事は自分で創り出せ』という社長様のお話の通り、若手に様々なチャンスが巡ってくる点に惹かれています」

というように、対抗会社の良さを認めつつ、応募企業の魅力、自分の方向性などを交えて話すようにしてください。

たとえば こういう人の場合

32歳男性、大卒。今まで2社で勤務。今回は3社目の転職で、これまでよりも規模の大きな異業種・同職種の会社への応募。

NG!

「確かにA社の方が大手で上場企業ですし、正直、どうしようか迷っています」

⇨ 迷うのではなく、きちんと応募企業が優位であると伝えないといけません。

OK!

「貴重なアドバイスありがとうございます。
確かにA社の方が私にマッチしている点もあるかもしれません。しかし、私は御社で働きたいからこそ、今も転職活動を続けていて、この面接の場に臨んでいます。
A社も大企業で業績も安定していて、非常に良い会社だと思います。
ただ、A社だと規模感の違いから、私が中小企業で養ったスキルがうまく機能しないと見ています。
一方で少数精鋭の御社であれば、私のスキルが充分に活かせると思っています。
また、個人主義と成果主義に重点を置くA社より、チームワークが売りの御社で働きたい思いもあって、私にとっては御社がベストなのです」

⇨ 対抗企業との差異をきちんと比較分析しながら、A社をけなすことなく、応募企業で働きたい思いをちゃんと伝えることができています。

Question

94

将来自分で事業をとのことでしたが、当社はその踏み台ということですか？

ノウハウを盗むための腰かけ入社なら秒殺だよ
否定した上で、当社に入社して頑張りたい思いを語ってほしい

今、副業解禁の会社も多くなりましたが、「ゆくゆくは独立したい」「自分で事業をやりたい」といった夢を語ると、では当社での勤務はその夢実現のための踏み台かと訝しく思われます。

だからもちろん、そうでないことをきちんと説明する必要があります。

たとえば、

「事業をやりたいと言いましたが、今日明日、数年後という話ではありません。そもそも会社で相応の実績すら残せていない人間に、事業を起こす資格などないと考えています。

まずは御社で実績をあげることしか、頭にありません」

といったように、決して腰かけ入社ではないことを説明しましょう。

そして、その後になぜ当社なのかという志望理由や、入社後の勤労意欲を付け加えれば、さらに訴求力が増します。

なお、**「起業は漠然と考えているだけです」などと打ち消しにかかると、場当たり的な対処をするいい加減な人と思われますので、やめましょう。**

たとえばこういう人の場合

26歳男性、大卒。新卒入社した会社に勤務中。今回は2社目の転職で、異業種・異職種への応募。

NG!

「すいません。何か具体的に考えているわけではなく、いつか起業できれば～」

単なる思いつきだったという打ち消しは、悪印象にしかなりません。

OK!

「確かに、そう取られても仕方がない表現をしてしまいました。誤解を生んでしまったことは真摯にお詫び申し上げたいと思います。

改めてお話しいたしますと、私はできるだけ早く起業したいとか、起業の準備期間として御社に入社する、という気持ちは毛頭ありません。

一度しかない人生ですから、将来自分が先頭に立って、何らかの事業を立ち上げることができればと思って、先ほどの質問に回答した次第です。

たとえば、この思いが社内ベンチャー制度を活用しての実現や、定年退職後での実現でもかまいません。それよりも今は、御社に入社を果たし、目の前の仕事に没頭し成果を上げることが、何よりもやらなければならないことだと認識しています」

最初にお手つきについて誠実に謝った上で、社内ベンチャー制度を引き合いに出すなどして丁寧に説明することで、フォローがしっかりできています。

Question 95

表情が暗いですが、いつもそうなのですか？

ムッとしたり落ち込んだり感情的になった時点でアウト
ポジティブな切り返しによる即応性、あるかな？

唐突に想定外の質問で切り込むことにより、応募者の**「即応性」を見たい。**これがこの手の質問の意図です。回答は肯定でも否定でもかまわないのですが、その後に面接官が納得できる切り返しを瞬時にできるかがポイントです。

たとえば、肯定の場合。

「確かに、よく言われます。しかし適度にシリアスなのは良いことと考えています。面接という真剣勝負の場で明るい方が緊張感を欠いていて、いかがかと思います。もちろん仕事のパフォーマンスには何ら影響ありませんので、ありのままの私を認めて頂けると嬉しいです」

というように、ポジティブに切り返してください。

否定の場合。

「いや、たまたまかもしれません。今日は第1志望の御社の面接ですので、極度に緊張しており、そう見えるのでしょう。普段は『歌って踊れる経理マン』と呼ばれており、飲み会では先頭に立って盛り上げています。周りで私を暗いと言う人はまずいません」

などと、飄々と切り返してください。

たとえばこういう人の場合

32歳男性、大卒。今まで2社で勤務。今回は3社目の転職で、同業種・同職種への応募。

NG!

「最近は体調を崩しがちなので、その影響が出ているかもしれません」

⇨ 健康に問題があるかのような発言は頂けません。

OK!

「私はこういった場に慣れておらず緊張しているので、顔が硬直していて暗く見えるのかもしれません。

また先ほどお伝えした通り、真面目で慎重な性格ですので、より一層深刻な表情に見えるのかもしれません。

ただ、普段はあまり表情が暗い、といった指摘を受けたことはありませんし、どちらかというと明るく陽気に仕事をこなす方だと思っています。

職場内での人付き合いも良い方で、飲み会や社内行事には積極的に参加しています。

しかしご指摘のような感じでしたら、やはり相手に与える印象が良くないので、今後はこういった緊迫したシーンでも、自分らしさを出せるように努めていきます」

⇨ 動揺することなく、暗さの要因を自分なりに分析した上で、今までの仕事でのエピソードにも触れて、とっさのうまい切り返しができています。

Question
96
太り気味のようですが、体調管理ができていないのでは？

面接官が知りたいのはココ!


肥満は業務上もマイナスと自覚できている？

肥満解消の努力について、具体的に説明してほしい

肥満は健康上の問題だけでなく、昇進の妨げになるという問題も出てきています。

この質問によって、自身の体型が及ぼす悪影響についてちゃんと自覚があるか、まず確認したいと面接官は思っています。

太り気味の外見は否定しようがありませんから、ここは「できていない」を前提にして、反省と要因、今後どうするかという取り組みを語ってください。たとえば、

「確かに今太っています。現部門に異動してからは、帰りが遅く夕食を夜中に食べるために、異動前より15kgも増えました。もちろんこのままではダメですので、今ダイエットに取り組んでいます」

といったような流れで回答するとスムーズです。

なお、肥満の原因ですが、ストレスによる過食・飲酒、偏食や夜型生活、運動嫌いなどは過度だとマイナス印象ですので、軽く触れる程度にしておきましょう。

今後の取り組みについては、**運動と食事制限**の2つについて具体的に語ってください。

たとえばこういう人の場合

28歳男性、大卒。今まで2社で勤務。今回は3社目の転職で、異業種・同職種（法人営業職）への応募。

NG!

「確かに太り気味ですが、私は飲み食いが唯一の楽しみで、制限するとストレスになりますので、あえて制限をかけないでいます」

⇒ 肥満を肯定する話では、自覚がないと見なされ秒殺です。

OK!

「確かにおっしゃる通りだと思います。大学時代、ラグビーサークルでフォワードをやっていましたので、4年間体重を増やしながら動ける体を目指していました。ラグビーをやめてからも食欲は落ちず体重は増える一方で、輪をかけるように前職では接待も多く飲酒量も増えました。

今回の退職を機に飲酒量も減らしていて、妻にもメニューに配慮してもらうようお願いしています。

今月入会したスポーツジムのトレーナーにダイエットメニューを作ってもらいましたので、何とか標準に近い体重を目指してダイエットに取り組んでいきたいと思います」

⇒ 肥満の要因について軽く触れた後、今回の退職を機にダイエットや生活改善に取り組むことが具体的に語られています。これなら面接官も納得でしょう。

Question 97

かなり緊張しているようですが、この程度で緊張していたら仕事はできないのでは？

仕事に悪影響が出るような極度の緊張は論外だよ
プレッシャーに弱くても克服する努力、取り組みを聞かせてほしい

必ずしも「緊張しているから秒殺」ではありません。たとえば、

「人生がかかった本日の面接と日常業務では、プレッシャーの質や大きさが違います。特に御社は第1希望ですので、さらに緊張感が増しております。しかし日常業務ではそんなに緊張することはありません」

という展開で行くのが良いでしょう。

一方で、面接でも日常業務でも緊張する方であれば、**「ちゃんと自覚している。克服のための努力は惜しまない」ことをＰＲしましょう。**たとえば、

「確かに今、緊張していますが、ほどよい緊張感は力を引き出してくれると思っています。そして、私はこのことを自覚しているため、事前に徹底的に準備して本番に臨む努力をしてきました。そのため、今まで緊張によって大きな失敗をしたことはありません。

今後もこの取り組みを続けていきます」

というように切り返してください。

たとえばこういう人の場合

26歳女性、大卒。新卒入社した会社で勤務中。今回は2社目の転職で、同業種・異職種への応募。

NG!

「極度のアガリ症なので、確かに仕事に影響が出る場合もあるかもしれません」

⇨ 仕事に影響が出そうな話は、ここでは受け入れられません。

OK!

「はい、御社は私の意中の企業なので、大変緊張しています。

今回の募集業務は、大勢の前での新商品のプレゼンが必須ですし、厳しい質疑もあると聞いております。

緊張することもあるでしょうが、新商品の知識をしっかり頭に叩き込み、時間が許す限りプレゼン練習をすることでコントロールできると考えています。

前職でもオンラインを含め、大勢の前でプレゼンを行った経験が何度かありますが、事前に原稿を読む練習を徹底的にして臨んだため、本番ではあまり緊張せず普段通りに話すことができました。

今後も手を抜くことなく、事前準備を徹底していきたいと思います」

⇨ 緊張を克服する取り組みを具体的に語り、前職での成功体験を語ることで、緊張をきちんとコントロールできると感じさせてくれます。

Question
98
当社みたいな中小企業で、本当にやっていけますか？

面接官が知りたいのはココ!

中小企業ならではの不便さ、面倒臭さを分かってる？
その上で、当社に対する志望の強さを感じさせてほしい

大手もしくはそれに準じる規模の企業から中小企業に移ろうとすると、ツッコミが必ずと言っていいほど入ります。大手に比べると色々と不便なこと、面倒なことが多いので、ギャップについていけない応募者が多いからです。だから**「問題ない」**と伝えるとともに、**「御社だから入りたい」**点もアピールしなくてはなりません。たとえば、まず、

「現職は大企業なので、確かにさまざまな面で恵まれていますが、今の私は△△分野の仕事に携わることが最優先です。会社の規模は関係ありません」

というように、会社の大小についての自身の考え方をアピールします。その上で、

「残念ながら、次の異動で△△分野を離れることが決定しており、少なくとも3年は戻れません。3年のロスは私にとって致命的なので転職を決意した次第です。

△△分野の製品を専門に扱い、技術も業界トップクラスである御社には、以前から強い憧れを抱いておりました」

といった志望動機を語ってください。

たとえばこういう人の場合

30歳男性、大卒。新卒入社した東証プライム上場企業で勤務中。今回は2社目の転職で、中小の異業種・同職種への応募。

NG!

「中小企業でも仕事の基本は一緒ですので、大丈夫と思っています」

⇨ この後「どこが一緒なのか」について、詳細に説明しないといけません。

OK!

「確かに企業規模の差から、待遇面や仕事の進め方の面でギャップがあるでしょう。しかし、私にとっては折り込み済みです。

前職では営業、営業管理、マーケと3つの職種を経験しましたが、先月子会社での設備管理への出向を打診されました。営業関係の業務でキャリアを積みたい私の思いとかけ離れており、転職を決意しました。

御社は販売促進と営業支援といった『売る』事業に特化されており、営業やマーケといった『いかに売るか』を究めたい私にとって、最高の会社だと感じました。

8年間、営業関係の業務を経験しましたが、この仕事を進めるにあたっては、会社の規模の大小は関係がないと考えています」

⇨ 双方の違いを明確にした後に、中小企業で働く覚悟を語り、転職に至る経緯や応募企業が自分にマッチしている点を、順序立てて説明できています。

Question
99

ずいぶん字が汚いですね？

面接官が知りたいのはココ!

感情をきちんとコントロールできる？
開き直らず、弱点克服の努力を聞かせてほしい

いきなりこう言われたら、カチンとくるでしょう。しかし、**表情に出したら負けです。**

この類の質問は、応募者の**「感情コントロール力」**と、**「弱点を克服することへの取り組み姿勢」**を見るためでもあります。

弱点について素直に受け止めた上で、改善するためにどのような努力をしているのか、そして今後どのように取り組んで行くのかを、具体的に語る必要があります。

たとえば「確かに字はうまくありません」の後に「だから必ず時間をかけて丁寧に書くように心がけております」や、「実は先月から書道を習い始めました」というように、いったん詰問を素直に受けて、その後に自身の取り組み姿勢を話すのがベストです。

また、なぜ改善に取り組まなかったかを、業務経験等に交えながら付け加える方法も有効です。たとえば、

「今までの業務経験上、字を書くことが少なく、大半はＰＣ入力でしたので、手書きの重要性を感じませんでした」

といった表現で補足するわけです。

たとえばこういう人の場合

26歳女性、大卒。新卒入社した会社で勤務中。今回は２社目の転職で、同業種・同職種への応募。

NG!

「いえ、このご時世、仕事上で手書きの機会なんて、ほとんどないでしょうし～」

⇨ 感情的になって開き直った回答は論外です。

OK!

「はい、字がうまくないのは事実で、字に関しては良い思い出がありません。昔から何とかしたいと思っているのですが、なかなか改善できず、苦慮しております。

社会人になる前に、きちんと字を習おうと思ったこともありますが、ＰＣ入力の方がビジネスに役立つと考え、タッチタイピングの習得を優先した経緯があります。

今まで仕事に悪影響を与えたことはありませんが、今後、もしそういった場面に出くわしたら、時間をかけて丁寧に気持ちを込めて書くようにしたいと思います。

また、御社の今回の仕事で手書きの必要性が高いのでしたら、再度字を習うことも検討したいと思います」

⇨ 冷静に突っ込みを受け止めた後、今まで業務上問題がなかったこと、この先必要な場面に遭遇したら具体的に努力していくことを説明できています。

Question

100 お子さんが小さいので、フルタイムは厳しいのでは？

面接官が知りたいのはココ！

何ら問題がないことを伝えてほしい
その「大丈夫な理由」をきちんと説明できるかな？

育児世代の女性に対する頻出質問です。

企業や国の育児支援制度の話は別として、**「子供が熱を出したので帰ります」といった勤務の不安定さは、面接官が最も懸念するところです。**特に新しく転職してきた人を特別扱いできないので、フルタイム勤務に支障がないか、しっかり確認したいのです。

「病気しない子なんで、何とかなりそうです」といった確証のない回答はもちろんＮＧ。また「御社は育児中の女性が働くことに理解がないんですか！」と、怒るのも頂けません。

育児に理解があるかと、その応募者を採用するかは、まったく別の話です。

したがって、フルタイムで働ける理由を具体的に説明しなければなりません。たとえば、「幸い両親が近くに住んでいて」や「近くに病理保育があって」、「夫がフルリモート勤務で」と、子どもの急な発熱などでも預けられるから仕事に穴を開けたり周囲に負担を強いることはないといった感じです。

こうした対応が難しければ、現実的にはフルタイムにこだわらない勤務形態を検討せざるを得ないでしょう。

たとえばこういう人の場合

29歳女性、高等学校卒。今まで3社で勤務。今回は4社目の転職で、同業種・同職種への応募。

NG!

「御社では、そうした際の支援策はないのでしょうか？」

⇨ 他力本願で、見通しの甘さが露呈しているのはNGです。

OK!

「はい、今まで育児に専念してきましたが、待機していた保育園に空きが出て、4月から子供を預けられることになりました。

また車で5分のところに夫の両親が住んでおり、緊急時には預けられます。

私も御社の大宮営業所なら自宅から近く、通勤もドアトゥドアで30分以内ですから、不測の事態でも十分対応できると思っています。

夫も勤務先も育児に理解があり、クリエイティブ職なので比較的時間も自由です。

育児については万全の体制を整えていますので、私がフルタイムで働いても何ら支障がないと考えています」

⇨ 小さな子供がいる状態で働くことへの不安を拭い去ることに成功しています。これなら面接官も「大丈夫」と太鼓判を押すことでしょう。

Column 09

原因分析よりキャリコン活用を！

不採用が続いてしまうと、勢いがある若手でも不安に駆られるのは当然です。

こうした際ぜひ活用してほしいのが我々キャリアコンサルタント（キャリコン）です。

自身の現在地や進むべき方向など、転職のあれこれを相談してみましょう。

今やゴルフやダイエットでも、パーソナルコーチをつけて指導を仰ぐ時代です。

受験における個別進学塾の先生などがイメージしやすい存在かもしれません。

転職をうまく進めるには、転職支援の専門家であるキャリコンを頼らない手はありません。キャリコンに相談することにより、安心して転職活動に臨むことができるはずです。

1つだけ注意点があります。

実力や経験が伴っていない、「名ばかりキャリコン」も多数存在します。人生を大きく左右する転職ですから、実力や経験が乏しいキャリコンを頼ってしまい、ミスリードされてはたまったものではありません。

あなたの世代や目指すべき業界、業種に強いキャリコンを頼るようにしてください。

探し方は簡単です。

「キャリアコンサルタント　相談」でググって出てきたキャリコンに対して、

「こういった転職を成功させた実績はありますか？」

と聞くだけです。

ぜひ妥協せずに探してください。

◎著者紹介

中谷充宏（なかや・みつひろ）

就活・転職のパーソナルキャリアコーチ。

キャリアカウンセラー（キャリアコンサルタント）。社会保険労務士。行政書士。

同志社大学法学部卒。新卒入社したＮＴＴ（日本電信電話株式会社）、ＮＴＴコムウェアでリクルーターを務めた後、転職（１社）を経て平成16年に職務経歴書の作成代行をメイン業務とするキャリアカウンセラーとして独立。

無料で行う人材紹介会社や行政機関等と異なり、依頼者が直接報酬を支払う「クライアント課金型方式」によるマンツーマンの転職サポートを行う。そのため依頼者から非常に高いレベルを求められるが、理由を問わず結果に不満な場合に全額を返金する保証制度を起業時から導入、18年を経過した現時点で返金事例はたった１件という満足度の高い支援を実現している。

東大や慶應大卒の一流企業社員、米国ＭＢＡホルダー、公認会計士、大学教授、フランス人ＣＥＯといったエグゼクティブ層から、大学生、高校生、ニート・フリーターまで幅広いクライアントの就職・転職を支援している。大連（中国）、香港、シンガポール、ボストン、ロンドン、南スーダンなど、海外からのオファーにも対応している。複数の大学のキャリアセンターに所属し、多くの大学生の就活支援も行っている。

社会保険労務士として、採用コンサルティングの経験も豊富。人事部長として企業人事を一任されるケースも多数。生々しい採用現場や面接シーンにも数多く立ち合い、企業側が応募者に何を求めているのか（何は求めていないのか）を熟知している。

人材を送り出す側と受け入れる側の両面を知り尽くした、日本では数少ない就活＆転職の「パーソナルキャリアコーチ」であり、ＮＨＫや読売新聞、リクルートの転職媒体での転職関連の取材、「マイナビ転職」で激辛面接官を務めるなど、マスコミ掲載実績も数多い。

著書に『30代後半～40代のための 転職「書類」受かる書き方』、『30代後半～40代のための 転職「面接」受かる答え方』（秀和システム）などがある。

Ｍ＆Ｎコンサルティング　https://mandnconsulting.com/

●注意
(1) 本書は著者が独自に調査した結果を出版したものです。
(2) 本書は内容について万全を期して作成いたしましたが、万一、ご不審な点や誤り、記載漏れなどお気付きの点がありましたら、出版元まで書面にてご連絡ください。
(3) 本書の内容に関して運用した結果の影響については、上記(2)項にかかわらず責任を負いかねます。あらかじめご了承ください。
(4) 本書の全部または一部について、出版元から文書による承諾を得ずに複製することは禁じられています。
(5) 商標
本書に記載されている会社名、商品名などは一般に各社の商標または登録商標です。

20代《だい》～30代前半《だいぜんはん》のための
転職《てんしょく》「面接《めんせつ》」受《う》かる答《こた》え方《かた》

発行日 2023年 6月 1日 第1版第1刷
2024年 8月23日 第1版第3刷

著　者 中谷《なかや》　充宏《みつひろ》

発行者 斉藤　和邦
発行所 株式会社　秀和システム
〒135-0016
東京都江東区東陽2-4-2　新宮ビル2F
Tel 03-6264-3105（販売）Fax 03-6264-3094
印刷所 三松堂印刷株式会社 Printed in Japan

ISBN978-4-7980-6968-5 C0030

定価はカバーに表示してあります。

乱丁本・落丁本はお取りかえいたします。

本書に関するご質問については、ご質問の内容と住所、氏名、電話番号を明記のうえ、当社編集部宛FAXまたは書面にてお送りください。お電話によるご質問は受け付けておりませんのであらかじめご了承ください。